Bernard Walbaum / Usse Bennätzken

Usse Bennätzken

Döhnkes
Geschichtkes
Sprüekskes

– fien un groff –
in Mönsterländer Platt
verfaßt oder gesammelt und erzählt
von

Bernard Walbaum

VERLAG LECHTE · EMSDETTEN/WESTF.

1.–3. Tausend Dezember 1980
4.–6. Tausend Januar 1981
7.–10. Tausend Juli 1981
11.–14. Tausend Januar 1982
15.–18. Tausend Juni 1982
19.–21. Tausend Februar 1983
22.–24. Tausend September 1983
25.–27. Tausend März 1984

Zeichnungen und Titelvignette Paul Wenkers
Einbandgestaltung Heinz Westkamp

ISBN 3–7849–1118–8

Satz und Druck: Verlagsdruckerei Lechte

Vorbemerkung

Die Idee, Döhnkes und Geschichtkes aufzuschreiben, entstand schon vor mehr als zwanzig Jahren, als ich diese auf geselligen Veranstaltungen erzählte. Auf Anraten von Freunden schrieb ich meine Erzählungen, die ich teils selbst verfaßte, größtenteils aber im Laufe der Jahre von Freunden unserer plattdeutschen Sprache erhielt, nieder.
Im Ruhestand fand ich dann die Zeit, mich mit der Schreibweise der plattdeutschen Sprache vertraut zu machen, die besten Döhnkes und Geschichtkes zusammenzustellen und sie mit kurzen Sprüekskes aufzulockern.
Da es eine feststehende Schreibweise unserer niederdeutschen Sprache nicht gibt, habe ich meine Aufzeichnungen in der Mundart geschrieben, wie sie vornehmlich in Nordwalde, Kreis Steinfurt, gesprochen wird.
Ich glaube, daß dieses Buch vielen Anhängern der plattdeutschen Sprache Freude bringen kann.

Rheine, im Herbst 1980

BERNARD WALBAUM

Humor ist der Schwimmgürtel
auf dem Strom des Lebens.

Wilhelm Raabe

De möde Buer

Mahlmanns Buer in Riesenbiäk gonk sunndags ümmer in de Hohmiß. He sette sick dann vüörn in de Kiärk naig an'n Priägstohl, un dann sleip he auk wanners in. De Pastor de wuss dat wull, he har dat all oft genog von't Aoltaor ut seihn. He moch Mahlmann obber nich seggen, dat he inne Hohmiß wach bliewen moß, denn de Buer wass'n gueten Mann, de von muorns fröh büs aobends laat düftig arbeiden moß. Wenn socke Lüe an't Sitten kuemt, dann slaopt se miästens gau in, dat wuss de Pastor wull.
He üöwerlegge obber doch, wu he denn Mahlmann inne Hohmiß wachhollen konn. Dao foll em in, wu sick dat maken leih. He reip denn Meßdeiner Wiggers Bennätzken to sick un sagg:
„Segg äs Bennätzken, du kenn's doch denn Buer Mahlmann, de jeden Sunndag in de Hohmiß dao naig an'n Priägstohl sitt. De Mann de mot de ganße Wiärk so düftig arbeiden dat he sunndags in de Miß de Augen nich lösshollen kann. Wuß du die sunndags äs bi em sätten un em so'nn biertken anstaut'n, wenn he inslaopen soll? Ick girw di dann sunndags nao de Hohmiß twintig Penning."
„Ja, Herr Pastor", sagg Bennätzken, „dat will ick wull daohen."
Dat Wiäk klappe guet, de Buer kam nich mähr an't slaopen. Enige Wiäk later dao satt Bennätzken nich mähr bi Mahlmann, un dao sleip de Buer wier düört ganße Hochamt.

Ei, dacht de Pastor, wu kümp dat doch, dat Wiggers Bennätzken nich mähr bi de Buer Mahlmann sitt. Äs he ut de Kiärk kam, dao saog he Bennätzken an'n Hook staohen. He reip em to sick un fraogg em:

„Segg äs Bennätzken, waorüm sitz du nich mähr bi Mahlmanns Buer?"

„Ja, Herr Pastor", sagg Bennätzken, „de Buer de giff mi sunndags fiefuntwintig Penning".

Hubert hat't sick anners üöwerleggt

Kleinjanns Hubert de wouhne met siene Klara nich wiet von't Duorp. He har ne wunnerbare Tenor-Stimm un was deswiägen in'n Gesangverein. Wenn he dann aobends nao de Gesangstunn gonk, dann sagg siene Klara to em:

„Hubert nirm di met't Drinken in acht, du wees jä, du häss denn swacken Magen, wenn du viell drinks, dann kotz du mi dat ganße Bärre vull."

„Ja, ja", sagg Hubert dann, „ick sall wull uppasssen."
Et kam ganß selten vüör, dat Hubert naot't Singen nich faots nao Hues gonk. Nu han'n se in'n Verein so'nn schön nie Leed instudeert, dat härre „Morgenlied". An'n Schluß sungen se dao: „Nun schöne Welt, nun wache auf, wache auf, wache auf".
Dat was wat füör Hubert, dao konn he sien Stimmken so richtig insetten. Äs dat Leed eenes Aobends auk nao an de Thek sungen waor, dao konn Hubert vüör Frei kin'n Schluß kriegen. He drunk daobi mähr äs he droff un so kreeg he ganß schön en'n inne Hacken.

Wenn Hubert üm elm Uhr nich in Hues was, dann gonk siene Klara in'n Bärre. Inslaopen konn se dann obber nich, se bleew wacke büs Hubert kam. Äs he an düssen Aobend üm twiälw Uhr nao nich in Hues was, dao dacht se bi sick, de aollen Supswiene in't Duorp, singen seggt se, supen dot se un so wieder.
Giegen een Uhr dao blieke Walliken. Dao kümp he an, dacht Klara, un richtig genog, Hubert kam aohne viell Bewehen in't Hues. He sleek sick still inne Slaopkammer un smeet sien Tüch üöwern Stohl.
Äs he so'nn Tietken in'n Bärre was, dao fonk he an, recht deip de ou'm. Nu pass up, dacht Klara, nu kotzt he mi wier in't

Bärre. Se sagg obber nicks. Dann fonk Hubert an to wüörgen un de riekhalsen un slieslick kloppe he bi Klara up't Bärre un sagg:
„Klara hal gau'nen Emmer."
Klara sprunk gau ut'n Bärre, mok de Lamp an un leip nao de Wasskkürk üm denn Emmer to halen. Äs se sick in iähren Irwer denn kleinen Tehn an't Disskbeen stott, dao schimpe se drup löss un reip: „Aolle Supswiene allbineen, et is to't verrückt wäern hier in Hues", un so wieder.
Nu stonn de Emmer nich in de Wasskkürk, un so leip Klara gau nao Diäl. Do tratt se iäst äs met iähre blauden Fööt in de Höhnerschiet. Nu schimpe se nao mähr. Äs se dann met denn Emmer in de Slaopkammer wull, dao winke Hubert aff.
„Wat is Hubert, wuss du denn Emmer nicht mähr hemm'm", frogg Klara.
„Ne", sagg Hubert, „ick heff mi't anners üöwerleggt, breng mi män ne reine Unnerbux."

Dat Kookenhiärtken

Leismanns Bennätzken gonk met sienen Vader nao de Kiärmis. Äs se alle Scheeskes un Buden besocht harren, dao koff he füör sienen Opa 'nen schön, graut Kookenhiärt un hongt sick üm sienen Hals. Dann gonkt nao'n paarmaol üöwer de Kiärmis un auk äs in't Scheesken. Up eenmaol sagg Bennätzken:
„Papa, ick mot ganß nairig pissen."
„Ja dann kuem gau an Bennätzken", sagg de Papa, „wi gaoht hier iä'm ächtern Kiärmiswagen staohen, dao süht us nigeen."
Bennätzken har daobi obber nich uppaßt, em was dat Water an't schöne Kookenhiärt laupen, wat he ümhangen har.

„Jung, Jung, nu häss obber wat makt“, sagg de Vader, äs he dat saog, „du soss doch uppaßt hem'm, dat schöne Hiärt is doch füör Opa.“
„Och Papa“, sagg Bennätzken, „dat is doch nich so slimm, usse Opa de mot denn Kooken jä doch instippen.“

Dat is'n Üöwergang segg de Jäger, dao tröck he'n Foss dat Fell üöwer de Aohren.

Jüst denn Swatten

Hummeljanns Bäind, so'nn hännig Büerken ächter Ossenbrügg har fief Kinner, alle Jungs un stoedige Kärlkes. Veer daovon harren hell Haor, bloß denn twetten, denn Franz, de har swatt Haor. Wenn de Buer denn swatten Franz saog, dann twiewele he daoran, dat de Jung von em was. Nao siene Meinung konn dat gar nich sien, weil he sölwst un auk siene Anna beide helle Haor harren. He moch obber met siene guete Anna nich daorüöwer küern.
Dao wuor siene Anna swaor krank. De Dokter gloww nich, dat se nao lang liäwen konn. Äs et met Anna ümmer slimmer waor, dao mennt Baind, dat he siene Anna nu wull so ganß vüörsichtig fraogen konn, off Franz, denn Swatten, vom em was. He sette sick bi iähr an't Krankenbärre un frogg dann ganß ruhig un gelaoten:
„Segg äs, Anna, wat ick di ümmer nao fraogen wull, usse Franz, denn Swatten, is de egentlick von mi?“
„Ja Pappa“, sagg Anna, „nu wao du daonao fröggs, dao will ick't di seggen, jüst denn Swatten de is von di.“

De Twillinge

Dat was so vüör vettig Jaohr, dao kreegen se bi Schulte Baunenkamps de iästen Blagen, sofort Twillinge, un beide Jungs. Wat 'ne Freide up Schulten Hoff.
„Nu kiss obber Hölp, Papa, un dat sofort twee Jungs", sagg siene junge Frau.
Sunndags soll de Kindtauf sien. De Schult de putze denn Kutskwagen un de Piäergeschirre ganß vörmoos.
„Usse Kutskwagen is jüst graut genog", sagg he to siene Frau, „drei Paten un de Hebamm kuemt ächten drinn, un een von de Paten mot met mi vüör up'm Buck sitten. Üm elm Uhr, faots nao de Hohmiß soll de Taufe sien."
De Buer holl met sienen Kutskwagen an de Sakristiedüör, wao de Paten un de Hebamm utstegen un met de Jüngeskes düör de Sakristie inne Kiärk gongen. Äs de Tauf ferrig was, kam'm se alle düör de Sakristie wier trügge.
„Franz", sagg de Hebamm to de Schult, „niem eenmaol diene Jüngeskes up'm Arm, dann könn wi biäter instiegen."
Franz de deih dat jä gäin. In düssen Moment kam de Pastor ut de Sakristie un sagg to Schulte Baunenkamp:
„So, Herr Schulte, da haben Sie Ihre beiden Söhne auf den Armen."
„Ja, ja, Herr Pastor", sagg de Schult.
„Was mag wohl aus diesen Kindern werden", fraogg de Pastor dann.
„Ach, Herr Pastor, wat ut düsse Jungs wett, dat weet ick wull", mennt de Schult.
„So - so - so -", sagg de Pastor so fraogend.
„Ja düssen hier up mienen linken Arm, ja de wett Buer, un düssen hier, ja de wett Kaupmann", sagg de Schult.
Äs de Pastor dat häöre, dao wuor he niesgierig un fraogg:

„Herr Schulte, wie wissen Sie denn jetzt schon, daß dieser Junge Kaufmann wird?"
„Dat is ganß sicher", sagg de Schult, „denn eenmaol heff mi denn Kunn'n all beschirten."

De Kustdünger

Äs de Kustdünger upkam, dao wull'n de Buern von dat nie'e Tüg iäst nich viell wietten. Se män'n, dat de Äer daomet ganß un gar vüörduorm wüör. So Buern de sind vöürsichtig, wenn't wat Niees up'm Maakt giff.
Obber de graute Schult in Musum, de was in't Mönsterland een von de iästen, de dat nie'e Wiärk metmook un daomaols auk Kustdünger up sien Land smeet.
Nu kick an, saggen de Naobers, de Schult de heff üöwerall guet Wiäk, dat nie'e Tüg schinnt doch wull guet to sien. Dat guete Wiäk, dat de Schult düör Kustdünger kriegen har, bekeeken sick auk de Häerns von de Buernkammer in Mönster. Auk se wassen ganß beindruckt von Schulte Musum sien guete Koan un Gräs.
„Solche Erfolge, wie Sie sie hier haben, Herr Schulte, die müssen allen Bauern im ganzen Münsterland bekanntgegeben werden", so saggen se. Un dann saggen se wieder:
„Herr Schulte, wir haben in einigen Wochen eine große Bauern-Versammlung im Schützenhof zu Münster. Es wäre sehr gut, wenn Sie dort einen Vortrag halten würden über Ihre Erfahrung mit Kunstdünger, so ganz aus der Praxis heraus."
Dao wull de Schult obber nich so recht rann, he menne, vüör soviell Lüe küern, dat konn he nich. De Häerns brachten denn

Schult obber doch sowiet, dat he tosagg, denn Vüördrag to holl'n. Auk siene Frau sagg em, dat he dat wull konn un auk nich affseggen droff.
Von dann an üöwerlegge de Schult alle Dage, wat he de Buern seggen soll. He schreew all's, wat em so infoll, iäst äs up, un dann läere he sienen Vüördrag utwennig, daomet he in Mönster frie un frank küern konn. Muorns un aobends gonk he up siene Diäl up un aff un was an't utwenniglärn.
Boll kam de graute Buern-Versammlung in Mönster. De lessten Dage vüörhiär was de Schult wahne weherig, auk äs he sienen Vüördrag guet utwennig konn. Äs he muorns met de Bahn nao Mönster moß, dao was he all 'ne Stunn vüör de Tiet ferrig.
An'n Bahnhof was he auk viell to fröh un dao stonn he dann un dacht bi sick, wenn'k dütt Theater all män ächter mi har.
Äs he dann de viellen Buern in'n Schützenhoff saog, ja dao wuort em doch so'nn biertken anners. Nao schlechter wuort em, äs he in'n Saal buorm up de Bühn stonn un up de viellen Buern harunnerkeek.
Met sienen Vüördrag fonk he ganß guet an, obber he kam nich wiet, dao kreeg he Lampenfeber un kam total düörneen. He wuß sick auk nich mähr to helpen. Äs he dann saog, dat mährere Buern in'n Saal an't grinsen wassen, dao sagg he bloß nao:
„Ich kann Euch sagen, der Kunstdünger ist sehr gut, wir hatten Kartuffels so dick wie Hollsken und das Gräs, das ging uns bis an de Mäise.“

De Dokter-Riäknung

De Buer Schulte Piening lagg all längere Tiet in't Krankenhues. He wass swaor krank wesst. Endlick gonk't em nu wier biäter. Dao sagg de Dokter em enes Dags:
„Herr Schulte, das haben Sie dem Herrgott und natürlich auch Ihrer robusten Natur zu danken, daß Sie wieder so gesund geworden sind."
Dao gneese Schulte Piening so'nn bierken un sagg:
„Ja – ja, sicher wull, obber dat daot Se jä gewiß auk met inkalkuleen, Herr Dokter, wenn Se mi de Riäknung schriewt."

Kiek äs u't Fenster, wenn kin'n Kopp häss!
Puup äs, wenn kin'n Äis häss!

Leismanns Trecker

Leismanns Franz de har so'nn kleinen Buernhoff direkt an de Stadt liggen. De Stadt wull em denn Hoff affkaupen un em unwies viell Geld daofüör gierwen, weil se dat Land ganß neirig bruke.
Franz wull obber met denn Vörkaup so lang wochten, büs he in guete Girgend 'nen annern, grötteren Hoff wierkaupen konn. Dat glücke em, he konn in't Hannöverske Land füör dat Geld, wat he füör sienen Hoff von der Stadt kreeg, enen ganß grauten Hoff kaupen. Franz mok dat Geschäft un trock üm.
Nao een Jaohr besoch he äs siene Heimat. Dao satt he sunndags nao't Hochamt met siene Bekannten in de Wirtschaft Leh-

mann. Nu wuor he natürlick viell froggt, wu't em gong up sienen nieen Hoff.
„Sehr guet", sagg Franz, „de Buodden is guet, de Gebaiden sind auk guet un de Hoff de is so graut, dat ick em met'n Trecker an eenen Dagg nich ümföhern kann."
„Dat is all wat", saggen de Buern.
„Ja Franz", sagg dao sienen aollen Naober August, „so'nn Trecker de häbb ick auk äs hat, dao häbb ick mi obber ganß gau von afmakt."

Grön'n Donnerstag

Fröher dao atten de Lüde in Huese, selten in Wirtschaften. Wenn se äs vörreisen mossen, dann nam'm se miästens 'n guet Buottram met un leihen sick daobi 'ne Tass Kaffee giewen. In de Wirtschaften dao atten gröttstendeels utwärtige Kauplüde, so Reiseonkels.
In Mönster was daomaols so'ne aolle Wirtschaft Franke. Dao gafft män drei Iätten, de wassen obber alle guet. Frau Franke was 'ne resolute Frau, de alle Arbeid alleen mok, dat Kuoken un Bedeinen un wat't süß so to maken wass.
Dao kam up Grön'n Donnerstag so'nn Häern in't Hues, de iätten wull. Frau Franke sagg em, wat he up Grön'n Donnerstag kriegen konn, Fissk oder Eier. De Mann wull obber unbedingt Fleesk häm'm.
„Ne", sagg Frau Franke, „Fleesk giff dat hier an de lessten drei Dage vüör Ostern nich, dat is hier in Hues alltiet so wesst un dat bliww auk so."

„Können Sie denn keine Ausnahme machen, Frau Franke“, sagg de Häer, „schließlich esse ich in diesem Hause doch schon viele Jahre.“
„Ne, ne“, sagg Frau Franke, „dao ännert wi nicks dran, Se könnt’n guet Fissk- oder Eiergericht kriegen, wat anners gifft hier düsse drei Dage nich.“ Dao sagg de Häer:
„Frau Franke, ich bin doch evangelisch, da darf ich doch wohl Fleisch essen.“
„So – so – so –“, sagg Frau Franke, „evangällsk sind Se auk, ja dat is all slimm genog, hier gifft van Dage kin Fleesk.“
De Häer leih obber nich nao un sagg dann:
„Frau Franke, bedenken Sie doch mal, der Herrgott hat doch am Grünen Donnerstag abends zusammen mit seinen Jüngern auch noch Fleisch gegessen, das Osterlamm.“
„Ja, ja, ja“, sagg Frau Franke, „dat stimmt wull, obber wu hefft em annern Dag auk gaohen.“

De Drillinge

Kokenbrinks Bennätzken har muorns, äs he in de Scholl kam, unheimlick viell Spaß. Dat foll sogar denn Lährer up. In de Paos dao frogg he Bennätzken:
„Segg äs, Bennätzken, wat büs du von Dage guet tofriäer, wat häss du vör Späßkes?“.
„Häer Lährer, wi häbbt in Huese Drillinge kriegen, alle sind Jungs“, sagg Bennätzken.
„Dann häss du also drei Bröerkes kriegen, dat is doch schön“, sagg de Lährer, un dann frogg he wieder:
„Bennätzken, wann sind de Jüngskes dann gebuorn?“.

„Gistern, up Hilgendreiküönig", sagg Bennätzken.
„O", sagg de Lährer, „dann kriegt de Kinner sicher de Namen Kaspar, Melchior un Baltasar."
„Ne, ne", sagg Bennätzken, „usse Papa de heff gistern all seggt: „Hiemmel, Arm und Zwirn."

We glöw, sick nümmers to vördohn,
de vördöht sick!

De Breefdriäger

De Breefdriäger Hillers Janns in Ollenbiärg brach all jaohrelang de Postsacken met't Rad inne Buerschuppen, in'n Summer un auk in'n Winter.
Dao fott he auk äs maol winterdaggs met sienen Packen up't Rad löss. De Snee lagg deelwiese recht hauch, so dat he kaum föhern konn. Äs he denn Biärg herunner föhern wull, un et so'nn birtken üm'm Dreih gong, dao ruttske em sien Rad aff un Janns flaog met siene Postsaken in'n deipen Graben, de vull Snee weiht was.
Janns satt faßt in'n Snee un konn sick sölwst nich mähr helpen. Dao kam jüst Rehbaum's Buer met Piärd un Wagen dao vörbi, he saog Janns in'n deipen Snee liggen un holl äs an. Dann sagg he:
„Wat mäcks du dann Janns, büs du fallen?"
„Ach ja", reip Janns ut denn deipen Snee, „nu help mi män."
„Ja Janns", sagg Rehbaum's Buer, „wat büs du doch 'nen dummen Kärl, wat döss du dann bi dütt Sneewiäre hier in de Buerschupp, gierw diene Breef doch up de Post."

Opa aohne Haor un Tiän

Bennätzken fraogg siene Moder:
„Segg äs Mama, wu kümp dat, dat usse Opa gar kinne Haor up'n Kopp un auk kinne Tiän in'n Mund heff."
„Ja", sagg Mama, „dat kümp, wenn de Lüde öeller wäit, Opa de is all ganß aolt, so nao un nao sind em alle Haor un Tiän utfallen, dao is nicks dran to maken."
Eenige Tiet laater kreeg Bennätzken 'nen Bröerken. Bennätzken keek sick dat kleine Kärlken ganß genau an, un dann sagg he eenes Dags to siene Mama:
„Mama düssen Kleinen de giff män faots wier üm, dao häbbt se us met anschiert'n, dat is jä 'n Aollen."

Dat Liä'm glick 'ne Höhner-Ledder, de Büöwersten beschiet't de Ünnersten!

Stüwings Bennatz

Ächter Grautmanns Bussk, so guete twintig Minuten von't Duorp, do wuohnt de Küörter Stüwing. Ät sind däftige Lüde, un se sind ümmer hellske guet tofriär. Se häbbt auk, äs dat bi de kleinen Lüde faken de Fall is, 'nen Hiärt füör annere. De aolle Stüwings Bennatz har sienen Kuorten guet in Schuß un siene Anna, de was helle füör Properität. De ganße Küöterie met Baim un Strük, met denn Gaoren un de Hiegen drümm, mook so'nn sinnigen, fienen Indruck.
Weil Stüwings naig an'n grauten Bussk laggen, konn'n se guet Höhner hollen. Wenn Stüwings Anna dann so'nn Swunk Eier

bineenne har, dann bracht se ’ne Tassk vull in’t Duorp.
Äs se auk maol wier met ’ne Tassk vull Eier nao’t Duorp gonk, dao troff se unnerweggs denn Naober Dampmanns Franz. Se küere met em von düt un dat, un dao sagg Franz up enmaol: „Segg es Anna, wuss du nao’n Tantdokter hen, ick seih, du häss jä buom in’ne Tassk so’nn Gebitt liggen?“
„Och ne“, sagg Anna, „so is dat nich, ne ne. Weeß du Franz, usse Bennatz de is ganß up Fleesk vüörsiätten, wenn ick dann äs ut’n Huese gaoh, dann mot ick sien Gebitt ümmer metnierm’, süss frett he mi de ganße Mettwuorst up.“

De Blindgänger

In’n lesten Krieg dao kam’m Buer up’t Bezirkskommando un sagg to denn iästen besten Häern, de he saog, dat he up sienen Kamp so’n Ding funn’n har, dat bi’t Plögen vüör sienen Plog satt. He glow, dat de Tommy dat Ding afsmietten har. Äs de Häer em frogg, wou he dat Ding dann har, dao sagg de Buer: „Dat häbb ick hier vüörn in’n Flur sett’t.“
De Häer gonk faots met em. Äs he dat Ding saog, dao ston’n em de Haore to Biärge. He sagg to denn Buer:
„Um Himmelswillen nehmen Sie das Ding wieder mit, das ist ja ein Blindgänger.“
„Ne, ne“, sagg de Buer, „dat Ding nirm ick nich wier met, dat is mi unnerweggs all dreimaol von’t Rad fallen, dao quiäl ick mi nich mähr met harüm.“

Natz bi'n Rechtsanwalt

Haaken Natz un Kleikamps Hubert, twee Buern ut Huolk, de hann'n sick all längere Tiet in't Moss. Iähre Hüöf laggen dicht bineene, obber seggen deih'n sick de beiden Buern recht nicks. De graute Buer Haaken bekümmere sick wenniger üm sienen kleinen Naober Kleikamp, de har jä auk bloß so'ne hännige Küöterie. Obber de Kleinen sind jä miästens teddericher äs de Grauten, un jüst so was Kleikamps Hubert auk. He soch Striet met sienen grauten Naober, wao't blos mürglick was.
Äs he dann Haaken Natz auk maol wier nutz fakseert har, dao was Natz siene Geduld to End.
„Nu gaok löss, nu gaok nao'n Rechtsanwalt un zeig' denn Sweinhund an", sagg Natz to siene Frau. Äs Haaken Natz dann vüör'n Rechtsanwalt satt, un de em fraogg, wat Kleikamp dann egentlick makt har, dao sagg Natz:
„Ja, Herr Rechtsanwalt, vüör drei Wiärk heff he ussen grauten Rüer dauthauen, vüör acht Dage mook dat aolle Kärlken usse Katt kaputt, obber daogiegen will ick nao nich äs viell seggen. Äs he us obber in de lessten Nacht so'nn grauten Haupen vüör de Huesdüör makt har, dao häbb ick to Usse in Huese seggt, nu gaok löss, nu ist ut, dat iss'n Friäten füörn Richter."

„Dat har nao slimmer kuem'm konnt", sagg de Buer, äs siene Frau daut gong, „man hat't auk sölwst sien konnt."

Naobers Franz will utwannern

Et giff Buern, de seiht gar nich so gäin, wenn't iähren Naober guet geiht. Dao kam de Breefdriäger Köster, de ümmer so dat Nieste wuss, äs nao'n Buer Lackmeier un sagg to denn ollen Buer, de an't Hähdfüer satt:
„Wat segg ih dann nu, juhe Naobers Franz de will utwannern nao Australien."
Lackmeier gaff gar kinne Antwort. De Breefdriäger saggt dann nao enmaol und dann luck harrer. Lackmeier deih obber so, äs wenn he nicks häöre, un he sagg auck nicks.
Dao dacht de Breefdriäger, kick an, de Buer häört auk all to de latiensken Buern, de kinn Platt mähr vörstaoht. De Breefdriäger saggt nao enmaol, un dat up Hauchdüstk:
„Herr Lackmeier, Ihr Nachbars Franz der will auswandern, und zwar nach Australien." Dao dreihe de olle Buer sienen Kopp so'nn birtken nao de Siet un sagg so ganß lässig:
„Nao Australien, ja dann mot he in Mönster ümstiegen."

De Unnebux

Maatmanns Franz, so'nn Büerken ut Meiteln, kam muorns inne Unnebux in de Küerk.
„Mein Guott Franz", sagg siene Anna, „wat süüs du ut in diene Unnebux, wu kann's du bloß so in de Küerk kuem'm?"
„Wuso", sagg Franz, „häbbt ick dat ächteste Deel dann nao vüörne?"
„Ach watt Franz", sagg Anna, „nich dat Ächterdeel nao vüörne, nee du häss dat Brune nao buuten."

Ostern ist heut!

Up so'nn klein Duorp dao kam'm kuort vüör Ostern twee öellere Mannslüde in't Krankenhues. Se wuor'n bei up eenen Stuorm leggt. De eene Mann har so stark Rheuma, dat se em nich mähr in Huese hollen konnen. De Dokter har seggt, dat he äs so'nn Tietken in't Krankenhues behandelt wäern moß, un dat bi glieke Wiärmt.
De annere Mann de was so dick, de soll 'ne Fettliäwer hem'm, denn wull'n se in't Krankenhues äs luck lichter maken.
Ostermuorns dao kam Schwester Grata bi de beiden aollen Häerns in'n Krankenstuorm un reip:
„Meine Herren, Ostern ist heut, halleluja, halleluja, der Herr ist auferstanden, halleluja, halleluja!"
„Ja Schwester", sagg dao de Mann, de so stark Rheuma har, „wenn de Häer so iäge Buttenpien har äs ick, dann was he wull liggenblirwen."

De gesunde Mensk heff so vielle Wünske, de kranke bloß ee'n!

De Visiete

Holtkamps Buer de wull äs 'ne Visiete maken un daoto auk mährere Bekannte ut't Duorp inladen.
„Dao lao't us män met wochten, büs wi slacht häbbt, dann geiht dat biätter", sagg siene Frau.
„Ja män to", sagg Holtkamp.
Äs de Slachttiet dann kam, dao slachten Holtkamps 'nen fett Swien un'n Bullen. De Wuosterie was een Tiets makt, un dann

laden Holtkamps iähre Bekannten ut't Duorp in, auk denn Lährer von de grauten School met siene Frau.
Holtkamps Moder har guet updissket met viell Fleesk. Äs se sick all so nett an'n Dissk sett't han'n, un de Iäterie lössgaohen soll, dao sagg de Lährer:
„Frau Holtkamp, Se häbbt so viell schöne Saaken up'm Dissk stellt, dat man gar nich weet, wao man met anfangen sall."
„Ja, Häer Lährer", sagg de Holtkampske, „nirm't Se män iäst wat von de Tung, de is von usse Bull un is buoterweek."
„Ne Frau Holtkamp, wat so ut de Muul kümp, dat iät ick nich so gäin", sagg de Lährer.
„Dat bruk Se auk nich, Häer Lährer", sagg de Holtkampske, „wenn Se dat nich gäin iät, wat ut de Muul kümp, dann iät Se doch iäst de frissken Eier, de dao staoht."

Dat enzige Guete an't Aoltwäiden is, dat't so langsam geiht!

Slechte Vördauung

De aolle Kleimanns Buer har graute Last met siene Vördauung.
„Opa, du moß nao'n Dokter gaohen", har siene Frau em all iätlicke Maole seggt.
Kleimanns Opa gonk obber nich löss, we geiht all gäin nao'n Dokter. Eenes Dags gonk he dann doch löss.
„Gueten Muorn Häer Dokter", sagg he.
„Guten Morgen Herr Kleimann", sagg de Dokter.
„Na, Herr Kleimann, was führt Sie zu mir", frogg de Dokter.

„Och, Häer Dokter“, sagg Kleimann, „ick häbb all längere Tiet Last met de Vördauung, villicht könnt Se mi helpen.“
„Ja Herr Kleimann, mit der Verdauung haben die älteren Leute häufig Schwierigkeiten, der Darm arbeitet dann nicht mehr so gut wie in jungen Jahren, aber da haben wir heute gute Hilfsmittel. Dann sagen Sie mal, Herr Kleimann, wie oft haben Sie denn Verdauung?“
„Verdauung häbb ick jeden Dag“, sagg Kleimann.
„Jeden Tag Verdauung“, sagg de Dokter ganß vörwunnert, „ja Herr Kleimann, das ist doch gut, das wünschen sich doch alle älteren Leute.“
„Ja, dat stimmt wull, Haer Dokter, obber dat is muorns all so fröh“, sagg Kleimann.
„Wie früh denn schon“, fraogg de Dokter wieder.
„Dat is all üm sierm Uhr“, sagg Kleimann.
„Sieben Uhr ist doch nicht früh Herr Kleimann“, sagg de Dokter, „wenn Sie dann gehen, sind Sie doch für den ganzen Tag damit fertig.“
„Ja-ja-ja-, dat stimmt wull, Häer Dokter“, sagg Kleimann, „ick wäit obber iäst üm acht Uhr wach.“

Up’m Veeh- un Kraommakt

Et giff van Dage nao Veehmärkte, kleine un graute; et giff auk nao Kraommärkte. Obber beide to glieken Tiet un up’m glieken Platz, so kunterbund düörneen, äst dat fröher gaff, dat gifft van Dage nich mähr.
Vüör füfftig Jaohr dao was äs in Stemmert so’nn Veeh- un Kraommakt met alls drümm un drann. Dao har so’nn Pottslainhändler siene Pött un Vasen up’m Grund utleggt.

Sofort dran stonn'n Scheiper ut't Viän met'n paar Dutzend Miälk-Schöüp, de he vörkaupen wull. Giegenüöwer, up de annere Siet von de Straot, dao stonn auk'n Scheiper, de wull'n halwdutzend junge Bück afsetten.
Mitten in denn Betrieb dao gafft up eenmaol so'nn Bewehen, dao was ee'n jungen Buck utbruoken un üöwer de Straot tüssken de aollen Miälk-Schöüp laupen. He spüör wull Liä'm un sprunk up so'nn aolt Miälk-Schoup up, un dann gonkt rund, all män rund, auk düört Pottslain, dat't män so klirre. Dao kam obber de Pottslainhändler in'ne Beene, un dat met recht.
Äs de Schöüp wier infangen wassen, dao kam he met siene Riäknung üöver denn Schaden, de de Diere anricht han'n. De beiden Scheipers wullen denn Schaden wull betahlen, se wuorn sick obber nich daorüöver ennig, we von beiden dat miärste Geld betahlen moß. Jeder denn halwen Schaden, dat wullen se nich.
De Pottslainhändler vörklage dann de beiden Scheipers bi't Amtsgericht in Stemmert. Dao satt so'nn aollen Richter, de wuß denn Schaden up de beiden Scheipers richtig uptodeelen. He legge fast, dat de Scheiper, de dat graute Miälkschoup höere, tweediätel, un de Scheiper, de denn Buck höere, eendiätel von denn Schaden betahlen moß, *weil* dat Miälkschoup met veer Been, de Buck obber bloß met twee Been Pottslain kaputtmaakt han'n.

De Knieperie

Raumanns Buer de wull 'ne Koh vörkaupen. Dao reip he denn Veehhändler an un sagg em dat. Äs de Händler dann kam, un dat Dier bekieken wull, dao moß Raumann de Koh ut'n Stall halen un up de Diäl stellen.
De Händler bekeek sick de Koh von allen Sieten un kneep se daobi an mähreren Stellen in't Fell. Raumann sien Bennätzken stonn daobi un fraogg sienen Vader:
„Papa wat sall dat met de Koh?"
„Ach Jung, de Koh de sall vörkofft wäern", sagg de Vader. Dao fonk Bennätzken an to grienen un sagg:
„O Guott, dann wett usse Mama auk boll vörkofft, de wett auk jeden Dagg kniepen von de Breefdriäger."

Veer Begirmheiten

I.

In eene Kiärkengemein dao han'n sick de aollen Lüde vörsammelt. Se wullen met iährn Pastor denn naichsten Utflug vüörbereiten. Nu wussen se obber nao nich, wao se hennföhern sollen, denn se wassen so siermlick üöwerall wesst, wao se wull hennföhern konn'n, so in Tecklenbuorg un Brochterbiäk, in'n Banjo un in Vuegelpark, in Telgt' un Eggero. Dao stonn so'nn aolt Möderken up un sagg:
„Wu wasst dann so met't Kamener Krüß, dao sind wi doch nao gar nich wesst." (Autobahnkreuz bei Kamen).

II.

Deusmanns Bäind, dat was so'nn aollen Rentner un Sänger, de alle Lüde leiw han'n. He konn so schön vörtellen un'n Snäpsken drunk he auk ganß gäine.
Äst met em to End gong, dao besoch em äs sien Sangesfrönd un wull em so'nn Püllken Snaps brängen.
„Ne", sagg he, „de nirm män wier met, de draffk nich mähr drinken, ick krieg nu so wat raut's, kick an, so watt. Bestell obber de annern Sängers män'n schönen Gruß von mi un segg iähr, ick har seggt, ein Leben ohne Schnaps wäre Scheiße."

III.

Vüör fifftig Jaohr dao gonk't met so'nn aollen Wäit, so'nn kanntigen Westfaolen, to End. De Dokter har all to de Famillig seggt, dat't guet was, wenn de Pastor äs kam, üm iähren Opa de Sakramente to brängen.
Nu wuor Opa, de bloß plattdütsk küere, vüörsichtig up Pastors Besöök un up de Sakramente vüörbereitet. Dat gonk obber biätter, äs se dacht han'n.
Äs de Pastor dann kam, un Opa bicht har, dao kam de ganße Famillig in'n Krankenstuorm un biädde bi de Kummion un Ölung met. Dann wull de Pastor wier gaohen, obber dao frogg em de aolle Wäit:
„Häer Pastor, is dann nu alls in Ordnung?„
„Jau", sagg de Pastor up plattdütsk, „et is alls in Ordnung, Se könnt nu ganß ruhig sien." Dao sagg de Wäit:
„So, dann ist jä guet, Häer Pastor, dann kann mi de Dübel jä in't Gatt lecken."

IV.

In so'nn Städtken an de Iäms dao han'n se vüör twintig Jaohr so'nn dicken Pollzist, de waog sicher boll drei Zentner. De arme Mann moß viell sweeten.
Enes Muorns stonn he up de Iämsbrügg bi'n Büögermester. Se unnerhollen sick recht vörgnöglick, denn beide wassen leiwe Häerns de gäin Späßkes moken.
Dao kam'm Radfahrer heranföhern, de up de Brügg afstiegen soll. De dicke Pollzist sagg to denn Büörgermester:
„Een Moment, met denn Mann mot ick iäm küern." Dann reip he denn Radfahrer to: „He, steigen Sie mal ab, kommen Sie mal zu mir."
Äs de Mann bi em stonn, dao sagg de Pollzist:
„Wissen Sie nicht, daß Sie hier nicht fahren dürfen?"
De Mann gaff em kine Antwort. Dao nam de Pollzist sien Bööksken un wull denn Namen upschrie'm. Daobi foll em obber sienen Bliestift weg, un äher äs he met sienen dicken Buuk an'n Grund was, üm denn Bliestift uptokriegen, sprang de Mann up sien Rad un reip denn Pollzisten to:
„Ach, lecken Sie mich doch am A....."
De Büögermester lachte hiärtlick un de dicke Pollzist, de denn flotten Radfahrer doch nich kriegen konn, reip em up plattdütsk nao:
„Ja Du mi auk 'n paarmaol."

We nich danzen kann, de schimpt gäin up de Danzkapell.

De nie'e Bux

So'nn Büerken ut Schaapen spierle auk flietig met inne Duorpkapell un dao de iärste Trompet. He moß nu ganß nairig 'ne nie'e Bux hem'm. Dao gonk he nao sienen Schnieder henn un sagg:
„Du Franz, ick mot 'ne nie'e Bux hemm'm, ick kann in de aolle nich mähr blaosen."
Franz mok em 'ne nie'e Bux, se satt auck guet, bloß buom unne de Arm's dao drücke se etwas. Nao längere Tiet sagg de Schnieder to siene Frau:
„Du de Straotmanns Buer de heff de Bux ümmer nao nich betahlt, ick will em doch äs 'ne Riäknung schicken." Franz de schreew em dann:
„Bei Durchsicht meiner Bücher stellte ich fest, daß Ihre Hose schon seit fünf Monaten offen steht, ich bitte um baldige Bezahlung."
Straotmann betahle obber nich, he leih auk nicks von sick höern. Dao gonk de Schnieder äs nao denn Buer henn, üm dat Geld to halen. He klingelde an de Huesdüör, et kam obber nicks haran.
Weil de Düör löss was, gonk he in't Hues, dao was obber kin Mensk to seihn. Dann gonk he äs düört Hues büs ächten in'n Gaoren, obber auk dao was nicks to seihn.
Äs unn'n in de Stüörms auk kin Mensk to seihn was, dao dacht he, nu geih's äs nao buom henn. Dao lagg de Magd in'n Bärre.
„Wat feihlt di dann, büs du krank?", sagg de Schnieder.
„Ne, ne", sagg de Magd, „mi feihlt nix, ick staoh obber nich äher wier up, büs mi de Buer mi'n Lauhn füör de lässt'n twee Monat giff, ick kann doch nich ümsüss arbeiden."
„So geiht dat hier to", sagg de Schnieder, „ja dann schick di män luck up, dat'k bi di krup, ick häbb von de Buer jä auk nao Geld to kriegen."

Splenterküörter

Ät was Anfang de diärtiger Jaohre, dao göngen wi winterdaggs an't Wiäkenend faken met so'nn Tröppken junge Kärls üöwern Snee nao Iälte. Wi wiärmten us dann bi'n Splenterkuoten an't Hähdfüer von binnen un buten up, un dann gonkt aobends met de Bahn von Mesum ut wier trügge nao Rhein. So satten wi dao auk äs maol wier nett bineen an't Füer, un de aolle Splenterküörter satt bi us. Wi pusten af un to met denn langen Püster in't Füer, dat't guet an't flackern bleew.
Wenn Splenterküörter dann so schöne Geschichtkes un Döhnkes vörtellde, wat he guet konn, dann wassen dat ümmer recht vörgnögte Stunn'n. Eenmaol vörtellde us äs dütt Geschichtken:
„Jungs, vüör'n paar Dage is mi'n Dink passeert, dat har mi boll heel düörneen bracht. Ich satt met twee Jägers hier an't Füer, dao kam so'nn Mann ut Iälte herin, so'nn Franz, stelle sick an de Thek un fraogg, of he wull 'n Snaps kriegen konn. Ick sagg, dat geiht wull, un ick gaut em'm blanken Snaps in.
‚Ne', sagg Franz, ‚ick wull gäin'n brun'n Snaps hä'm.'
‚De kanns wull kriegen', sagg ick, gaff em brun'n Snaps un deih denn blanken wier inne Pull. Dann satt ick mi wier bi de Jägers an't Füer.
Et duere nich lang, dao har Franz sien Gläsken utdrunken un wull herutgaohen, aohne de betahlen. Ick reip: ‚He Franz, wuss du nich betahlen?'
‚Betahlen', sagg Franz, ‚watt soll ick dann betahlen?'
‚Denn Snaps Franz', sagg ick.
‚Wat füörn Snaps', fraogg Franz. Ick sagg: ‚Denn bru'n.'
‚Ne', sagg Franz, ‚de bruk ick nich betahlen',daofüör heff ick di doch denn blanken wier trügge giewen.'

‚Ja', sagg ick dao, ‚denn blanken häss du jä auk nich betahlt.'
‚Dat stimmt wull', sagg Franz, ‚obber denn häbb ick jä auk gar nich drunken.'
In denn Moment dacht ick, is de Franz nich wies oder bin ick't sölwst nich. Ick sagg dann kuotümm:
‚Is guet Franz, gaoh to, denn dat Dink was mi wull'n Snäpsken wäit.'

De beiden Jägers, de an't Füer satten, harren usse Küerie met Vörgnögen tolustert, se lachten hiärtlick un blewen nao dütt Späßken wull nao'n paar Stündkes miene gueten Kunn'n."

Sandkamps Bennätzken

Sandkamps Bennätzken konn in de School üöwerhaupt nich ferrig wäern. De Lährin gaff sick viell Müh' met em, denn he was'n guet un arig Kärlken.
Enes Dags leih se Bennätzken's Moder äs to sick kuem'm, üm de Saak met iähr de beküern. Se sagg:
„Ja, Frau Sandkamp, Ihr Sohn Bernard ist zwar ein guter Junge, mit seinen schulischen Leistungen bin ich aber gar nicht zufrieden, er kommt überhaupt nicht mit, er weiß auch so wenig, so wußte er nicht einmal, daß Christus gestorben ist."
„Jä", sagg Sandkamps Moder, „dat kann ick vörstaohen, wi wuehnt ganß ächten in de Wallachei, wi höert längst nich alls, wat de passeert, wi häbbt nich äs höert, dat de Mann krank was."

Bennat äs Ehemann

Bi de Buer Brockjanns was Hochtiet. Ut de öllste Jung, ut Bennätzken was'n Bennat wuorn. Bennat mogg ganß gäin Alkohol. Wenn he äs in't Duorp kam, dann drunk he so iätlicke Beerkes, un dann kam he miästens in beste Stimmung wier nao Hues. Sien Vader gaff em deswiägen wennig Geld in de Hand.

Nu soll Bennat hieraoten. He har ne guete Brut ut de Naoberschupp, de Laukamps Agenes. To de Hochtiet was alls schön torechtmakt. Et gaff wunnerschön Iäten, düörhenn satt füör alle Lüde, un Snaps un Beer gafft auk genog, alls ümsüss. Nu leit sick Bennat, de junge Ehemann, de jä de Hauptperson up dat schöne Fest was, giegen Aobend so ganß sucksäcksive een Beerken naot annere ächtern Slips laupen. He miäke et gar nich so recht, dat he aobends laat schietendick was.

Äs de Mussick in de Muorntiet Schluß mook, un de Naobers so nao un nao aftrocken, dao harren se Bennat, denn jungen Ehemann, vörluorn.

„In de Wiält des Häern", sagg Brockjanns Vader, „wao mag usse Bennat dann sien?"

He gaff sick an't Sööken un funn em sließlick up de Diäl, total besuopen lagg Bennat in'n Kohtrogg.

„Jung", sagg de Vader, „staoh up, du moß nu met Agenes nao'n Bärr gaohen."

„Ach nee", sagg Bennat, „dat do du menn, laot mi hier menn nao'n bieetken liggen."

Giegen 'n Haupen Mist kann man nich anstinken!

Jännken ti, Jännken ta

De aolle Pastor Pieper de har 'nen ganß aollen Köster un Üörgelspierler. De har egentlick längst afdanken moßt, weil he siene Arbeiden nich mähr richtig maken konn. He spierle up siene Üörgel oft ganß wat anners, äs he spierlen soll. Weil he obber mähr äs füfftig Jaohr guet spierlt un schafft har, moch de Pastor denn guten Mann nich entlaoten.

Nu was up Pingsten dat fierlicke Hochamt. Äs de Pastor dann sung – Gloria in excelsis Deo –, dao spierle de aolle Köster dat Leed

> „Jännken ti, Jännken ta, sind de Wüördellkes nao nich gar; sind se gar dann do mi'n paar, o Jännken wat smakt de Wüördelkes guet."

Dat was dann de aolle Köster sien lesste Üörgellspierl.

De Fahrt nao Pecking

Vüör diätig Jaohr dao har Schulte Wiesbrock in Hopsten 'ne Dochter in't Klauster in China. De wull he doch äs unbedingt besööken . He moss dann büs Pecking föhern.

An'n Bahnhoff in Rheine wull he 'ne Fahrkart büs Pecking kaupen. Dat gong obber nich, se saggen em in Rheine, dat he iäst 'ne Kart büs Berlin kriegen konn, in Berlin konn he dann 'ne Kart büs Pecking lösen.

In Berlin kreeg he obber bloß 'ne Kart büs Warschau, in Warschau büs Moskau un in Moskau kreeg he de Kart büs Pecking.

Äs he sie'n Besöök in Pecking makt har, dao wull he ganß gäin wier nao Hues föhern. An'n Bahnhoff in Pecking wuor he

von'n Beamten bedennt, de guet dütsk küern konn. De fraogg Schulte Wiesbrock, wao he dann henn reisen wull.
„Ich will nao Hopsten", sagg Wiesbrock.
„Ach so nach Hopsten wollen Sie, wie weit wollen Sie denn fahren bis Spelle oder bis Freren?"

Krakende Wagen de laupt lang!

De Duorpsmitt

Flaßkamps Hubert was met sien Piärd bi'n Duorpsmitt. He wull siene aolle Mira beslaoen laoten. De Smitt, Rahms Franz, mook düsse Arbeid sölwst, dann wuss he, dat se guet wuor. Bi so'ne Arbeid konnen sick Hubert un Franz guet unnerhollen. Se kam'm bi de Küerie von een Dink upt annere un sließlick auk up Flaßkamps Hubert sienen Naober, denn Plaggen Terro. Up enmaol sagg de Duorpsmitt to Flaßkamp:
„Du Hubert, dienen Naober, denn Plaggen Terro, dat is doch 'n Kärl, de is nich wäit, dat em de Rüens anpißt."
„Ho-ho", sagg Flaßkamps Hubert dao, „du segg's dao obber wat, ick weet nich of dat richtig is."
„Jau", sagg Rahms, „dat segg ick di, Terro is nich wäit, dat em de Rüens anpißt."
Flaßkamps Hubert was vüörsichtig, he deih so, äs de miästen Buern doht, wenn't an't täggen geiht, se hollt iähren Mund. De Smitt un de Buer wassen nu iäst so'nn birtken naodenklich, obber dann har'n se all wier wat anneres to beküern. Boll was

de Arbeid ferrig, un Hubert trock met siene Mira nao Hues hen.
Meddags bi't Iäten, äs de ganße Famillig an'n Dissk satt, dao vörtellde Flaßkamp, wat de Duorpsmitt üöwer Naober Plaggen Terro seggt har.
Äs he't jüst vörtellt har, dao deih't em all leed, denn sien Bennätzken har tohöert un fien uppaßt.
„Gar nich mähr von küern", sagg Flaßkamp to de Grauten an'n Dissk, „dann vörgätt Bennätzken dat wull."
Dat kam obber ganß anners. Annern Muorn up'm Schoolwegg har Bennätzken dat Ding Plaggen Heini vörtellt, un nu kam de Mist an't Dampen.
Terro gonk aobends faot's nao Flaßkamps Hubert, un de moß em seggen, wat de Smitt würklick seggt har.
„De zeigt faot's an", sagg Terro, „muorn gaok löss."
„Ne", sagg Hubert, „dat kann's nich maken, dann moß du iäst nao'n Schiedsmann gaohen, un dao nimm'p de Smitt all's wier trügge, dat weet ick sicher, denn sowatt dat droff he jä nich seggen."
Plaggen Terro gonk an'n naichsten Dagg nao'n Schiedsmann hen, dat was de aolle Hauptlährer Bickel, de har dat Pöstken all lange Jaohre.
Äs Terro em de Saak vörtelle, do fraogg Bickel em, of he auk Tüügen har.
„Jau", sagg Terro, un dao schreew de Schiedsmann denn Fall up. Et duere auk nich lang, dao satten Plaggen Terro un de Duorpsmitt Rahms vüörn Schiedsmann.
Weil de Saak ganß klaor waß, bleew denn Duorpsmitt nicks anners üöwer, äs kleine Brötkes to backen. Plaggen Terro was obber gnädig, he wull nich, dat de Smitt Straof betahlen soll, obber trüggenie'm dat soll he de Beleidigung doch.
Weil de Saak all düört ganße Kiärspel gaohen was, soll Rahms Franz de Beleidigung sunndags nao de Hohmiss bi't Bekannt-

maken an de Kiärk wieheropen laoten. Daobi moß obber utdrücklick seggt wäern: „mit dem Ausdruck des Bedauerns". Rahms Franz moß män tostimmen un so daohen, äs Plaggen Terro dat wull. Weil Terro obber nich gäin schreew, sagg he to Rahms Franz:

„Du wees jä, wat du seggt hess, nu schriew't auk män sölwst up, wat de Pollsist naichsten Sunndag bekanntmaken mot."

Dann gongen se uteen. De Duorpsmitt leih sick de Saak äs düörn Kopp gaohen. Dann gonk he nao sienen Naober Wilm, de wass Schomaker un nich dumm. De har sick in siene jungen Jaohren äs dat Büörgerlicke Gesetzbook kofft un flietig daorin studeert.

Wilm was so'nn halwen Adwoukout un alle Lüde, de Striet han'n, gongen nao em un hollen sick bi em Raot. Wilm schreew dann up, wat utroopen wäi'n moß, un de Pollsist reip sunndags ganß dütlich ut:

BEKANNTMACHUNG

Die Beleidigung, die ich über den Bauer Theodor Plagge ausgesprochen habe, nämlich, er sei nicht wert, daß ihn die Hunde anpissen, nehme ich mit dem Ausdruck des Bedauerns zurück und erkläre ausdrücklich, daß Theodor Plagge sehr wohl wert ist, daß ihn die Hunde anpissen.

Franz Rahms

De Veehhändler

Et was Winterdag. Willem, de Veehhändler, wull sick äs luck upwiäerm un gonk deswiägen in'ne Buernkneip. Äs he bi't Snäpsken an de Thek stonn, dao saog he, dat buten so'nn grauten Wagen holl.
Dao steeg so'nn fien'n Häern ut. He kam in't Hues un stelle sick nich wiet von Willem an de Thek. Dann leih he sick 'nen Cognac un 'ne guete Sigarr giewen.
Willem saog, dat de fiene Häer dat Spitzken von de Sigarr afsniehen wull. He trock gau sien Messer ut de Tassk un rekede et denn fienen Häern to. De nam dat Messer gäin an, sneet dat Spitzken von siene Sigarr af un sagg met Dank to Willem: „Das Messer schneidet aber sehr gut."
„Jau", sagg Willem, „dat dö't auk, dao heff'k auk jüst nao teihn Fiäken met kastreert."
„So, so, so", sagg de fiene Häer, de wull plattdütsk vörstaohen konn. Daobi stoppe he so ganß bileipig de Sigarr in siene Tassk, de soll he sicher wull sienen Chauffeur vörmaaken.

Biäter hunnert Pund up'm Rüggen, äs twee Pund in'ne Blaos!

Büerkes Hiärmken

Büerkes Hiärmken was luck minn bliewen un so'n biertken krumm wassen. Füör swaore Arbeid was he nich to bruken. Siene Ellern leihen daorüm ut Hiärmken 'nen Snieder maken. Äs Hiärmken siene Lährtiet ächter sick har, mook he sick äs

Flick-Snieder selbständig. He gonk daomaols von Famillig nao Famillig un flicke kaputte Buxen, Röck un auk wull Kleder ut. De Kost kreeg he bi de Lüde, deswiägen was sienen Daglaohn auk nich hauge. Arbeid har he ümmer genog, he konn't all gar nich rundkuem'm.

Eenes Summerdags was Hiärmken bi Leisings Buer an't Buxen flicken. Dao was Naomeddags de ganße Leisings Famillig in't Hai gaohen, bloß de aolle Leisings Opa was bi Snieder Hiärmken bliewen.

Äs't Tiet was to't Kaffeedrinken, dao holl Opa de graute Schürl met Knabbeln, de Leisings Mama all inweekt har. Opa un Hiärmken nam'm sick so'nn Kümpken vull Knabbeln ut de Schürl un atten met gueten Aptiet.

Hiärmken bruke daobi kin'n Lierpel, he kreeg sick de Knabbeln met de Finger u't Kümpken, dat gonk net so guet, män't he. Up enmaol har Hiärmken so'nne hatte Kuorst tüssken siene Tiän, de he nich kaputt kriegen konn. De aolle Buer saog datt un sagg:

„Ja Hiärmken, smiet de Kuorst män wier in'ne Schürl, dao häbb ick vör Muorn auk all drupp harümbietten, de junge Buer de sall se muorn fröh wull klein kriegen."

Biäter 'nen Flicken äs'n Lock in'ne Bux!

Grauthoff in Mönster

De Buer Grauthoff föhrde äs met'n Zug nao Mönster. Up de Soltstraot saog he bi Overhage wunneschöne Saken in't Fenster liggen. De Dinge wull he doch es naiger bekieken, daorüm gonk he äs rinn in't Geschäft. De Vörkaiper bedenne nao jüst eenen Kunn'n, somett konn Grauthoff nao luck harümgaohen un sick de Saken bekieken.
Äs de Vörkaiper dann frie was un em frogg, wat he kaupen wull, dao sagg Grauthoff:
„Wat ick hämm'm will, dat häbb ih doch nich."
Dat kreeg Overhage met, de niäman in sien Stüörwken satt. He kam heran un sagg to Grauthoff:
„Lieber Mann, wir führen doch alle einschlägigen Artikel, nun sagen Sie mir mal, was Sie wünschen."
„Ne, ne", sagg Grauthoff, „wat ick kaupen will, dat häbb ih nich, ick heff alls all naokieken."
„Es kann aber doch sein, daß wir's haben, nun sagen Sie mir doch mal, was Sie kaufen wollen", sagg Overhage. Sließlick sagg Grauthoff:
„Ick wull gäin 'ne Brille hämm'm füör ussen Ossen, de süht up dat eene Aug' nich guet."
„Allerdings", sagg Overhage dao, „Brillen für Ochsen, die führen wir nicht."
„Jä, jä, dat häbb ick mi wull dacht", sagg Grauthoff, un dann wull he gaohen.
„Aber warten Sie mal lieber Mann", sagg Overhage, „Brillen für Ochsen die bekommen Sie hier nebenan in der Epa, die führen alles, ich zeige Ihnen die Epa mal".
„Guet", sagg Grauthoff, „dann wick mi dat Wiäk in de Epa äs bekieken."
Overhage reip obber gau denn üöwersten Häern von de Epa an un sagg em, wat sick bi emm afspielt har, un dat he denn aollen

Buernriekel äs luck up de Schüppe nih'm soll.
De Häer in de Epa de har all sienen Spaß un leih faots ut Draoht so'nne graute Ossenbrill ferrigmaken. He wochte dann up denn Buer, un et dure auk nich lang, dao saog he denn niesgierigen Kunn'n tüssken de Theken laupen.
He gonk up Grauthoff to un frogg em, wat he kaupen wull.
Grauthoff sagg:
„Ick häbb alls all seihn, wat ick söök, dat häbb ih doch nich."
„In der Epa führen wir alles", sagg de Geschäftsmann, „drum sagen Sie doch was Sie wünschen."
Grauthoff was vüörsichtig, he sagg bloß: „Ne, ne, ih häbbt et doch nich."
„Wollen wir wetten", sagg de Geschäftsmann, „daß wir das führen, was Sie haben wollen?"
„Jo-jo-jo", sagg Grauthoff, „dat könn wi jä maken."
Se wetten nu üm twintig Mark, dat was daomaols viell Geld. Grauthoff bestonn obber daorup, dat se iäst beide de twintig Mark up de Thek läggen mossen. Dat deihn se auk, un dann sagg Grauthoff:
„Ick wull gäin so'nn paar Wickel-Gamasken häm'm füör mien'n Kanarienvuegel".
„Gamaschen für Kanarienvögel die führen wir allerdings nicht", sagg de Geschäftsmann. Grauthoff, de dat Geld all in siene graute Fust nuorm har, sagg dann:
„Sooo, jäää, dann sind de vettig Mark wull miene." He stoppe dat Geld in de Tassk un sagg:
„Hollt ju munter!"

De Buer un de Apotheker

Fröher, äs et nao recht kinne Landmaschinen gaff, dao mossen de Buern dat Gräs nao met de Seis' maihen. Se fongen dann muorns ganß fröh daomet an, denn solang dat Gräs nao daunatt is, lött et sick am besten sniehen.
Flasskamps Buer un sienen Suohn August wassen auk äs in aller Häerguotsfröh an't Gräsmaihen, nich wiet von't Hues, ächtert Biäkenbüssken.
Giegen sess Uhr fröh kam de Apotheker u't Duorp an de Wiesk vörbi, de leip jeden Muorn vüör siene Arbeid all düör de Buerschupp. He reip Flaßkamps to:
„Guot helpe ju", un Flaßkamps reipen trügge: „Guot lauhnt."
De Apotheker bleew so'n biertken bi Flaßkamps staohen, he har Undürg in'n Kopp un deswiägen wull he gäin wietten, wann se dat Gräs in de Wiesk wull harunner harren.
„O-oo", sagg de aolle Flaßkamp, „so üm'm Uhr off elm is alls runner."
Dat wull de Apotheker nich gleiwen, dat satt nich drinn, män't he. Auk äs Flaßkamp sagg, dat se düsse Arbeid jedes Jaohr büs elm Uhr schafft harren, gloww de lierlicke Apotheker dat nich. Se streeten sick so'nn biertken un sließlick kam'm se to't wetten, üm eene Pull Snaps wuor afmakt.
„Ja, Häer Apotheker", sagg Flaßkamp dao, „et was schön, wenn wi denn Druopen nu all kriegen konn'n, dann konn'n wi us bi de Arbeid so af un to'n Schlücksken drinken."
„Dat lött sick maken", sagg de Apotheker, „ick sall de Pull wull iä'm halen."
He holl denn Snaps auk, dann gonk he faots wier nao Hues in sien Geschäft. Üm elm Uhr wull he sick wier instellen, üm to seihn, we de Wett' wunn'n har.
De beiden Flaßkamps namm'm iäst äs 'n gueten Sluck ut de Pull un dann gonk't flietig an de Arbeid. So'nn Stündken harren se

wier maiht, dao ducht iähr, dat se äs wier'n Slücksken nieh'm konn'n.
Äs se dann obber wier so guet un wall an de Arbeid wassen, dao moß Flaßkamps Papa äs iä'm ut de Bux. Auk August moß dat wull.
So'nn Tietken wassen se dann wier flietig an't sniehen, obber dann mossen se beide wier ut de Bux. Flaßkamps Papa de ahne watt un sagg to sienen Suohn:
„Du August, ick gleiw, de Apotheker de heff us wat in'n Snaps daohn, dat wi de Lauperie kriegt, un somet dat Gräs büs üm elm nich harunner häbbt. Obber dat söll wi em wiesen, August, de Wett' de winnt wi, et wett wieder sniehen, mag kuem'm wat will."

Äs se obber ümmer öffter ut de Buxe mossen, dao trocken se de Buxen eenfach ut un leihen nu ächter jö kuem'm wat kuem'm wull. Se konn'n dat so maken, weil sick dat ganße Wiärk ächten an'n Busk afspierlte, wao se kaum to seihn wassen.
De Apotheker de lagg obber längst vüör elm Uhr in't Büssken ächter so'nn kleinen Wall un keek sick dat Spierlken met heller Frei' an, obber seihn leih he sick to de afmakte Tiet üm elm Uhr nich. So ganß wohl moß't denn Apotheker bi düsse Saak wull nich sien, denn he gonk lange Tiet nich mähr an Flaßkamps Hoff vörbi.
Nu satt de Apotheker obber vuller Undürg. Up siene Mourgengäng üöwerlägge he längst all wier, wu he denn naichsten Buer 'n Snipken schlaoen konn.
Eenes gueten Muorns was he up de annere Siet' von't Duorp an't laupen. Dao bleew he luck bi Beckmanns Anton staohen, de jüst an't Mäßladen was. Bi de Küerie sagg de Apotheker:
„Segg se äs Beckmann, dat is doch boll schieren Höhnermäß, de ih dao wegföhert, dat is egentlick schade, de könn ick nao wull bruken, dao könn wi guete Salw ut maken füör Treck-

plaosters. Wenn ih mi äs reine Höhnermäß brängen konn'n, de wull ick ju guet betahlen."
Äs Beckmann wat von Geld häöre, dao sagg he:
„Ja, Häer Apotheker, Höhnermäß de häbb wi nao genog, in usse Höherhues is naog drinn, wu viell will ih dann wull hemm'm?"
„Och", sagg de Apotheker, „wann't reinen Höhnermäß is, dann könn ih mi män so'nn Föhrken vull brängen."
„Is guet", sagg Beckmann, „naichste Wiärk kann'k dat wull maken."
Acht Dage later föhre Beckmann's Anton met denn Höhnermäß bi denn Apotheker vüör. He gonk in de Apothek un sagg denn Apotheker, dat de Mäß vüör de Düör stonn.
„Schön", sagg de Apotheker, „dann will ick'n äs bekieken."
He gonk met de Buer nao buten un bekeek dann an mährere Stellen de Mäß, daobi nam he auck sien Vörgrötterungsglas to Hölp. Dann sagg he:
„Ja, Beckmann, düssen Mäß kann ick nich bruken, dat is kin'n reinen Höhnermäß, de nirm't män wier met."
„Ne-ne", sagg Beckmanns Anton, „so is dat nich, dat is reinen Höhnermäß, de häbb ick sölwst u't Höhnerhues halt un upladen."
„Dat gleiw ick gäin", sagg de Apotheker, „obber düör dütt Glas kann ick ganß dütlick seihn, dat dao auk wat von de Hahns bi is, sooo kann ick dat Tügs nich bruken."
Beckmann sagg gar nicks mähr, he trock ganß sliepstiätsk met sien Föhrken wier af. So'nne Vöröhmerie konn he obber nich bruken. He dachte nu alle Dage daoüöwer nao, wu he denn Apotheker äs bi'n Buck doahen konn.
Nao längere Tiet dao foll em wat in. He gonk äs nao denn Apotheker un frogg em, of he äs wull dat Köünken unnersööken wull, wat he in'ne Hand har. De Apotheker keek sick dat Köünken an, drücke dran harüm un legge et dann in so'nn

Water. Äs't nich week wäe'n wull, dao namm he dat Ding äs tüssken de Tiän un sagg dann:
„Ja Beckmann, dat kann wull Schiete sien."
„Dat ist wull wall mürglick", sagg Beckmanns Anton, „dat Ding dat häbb'k auk all wull acht Wiärk inne Unnebuxe hangen hat."

De grauten Süöhn

Schulte Brüggen in Beisensiäl de har drei stödige Süöhn. Dao kam de Pastor äs to Besöök, he wull kollekteen füör sien Krankenhues. Äs he de grauten Süöhn saog, dao fraogg he denn Schult, wat de Jungs dann wäern sollen.
„Ja Herr Pastor", sagg de Schult, „hier denn ölst'n Suohn de heff Kraft inne Butten, dat sall de Buer wäern, denn twetten, ja de heff kinne Kraft, obber he is recht klook in'n Kopp, de könn wull Pastor wäern, ja un denn diäern, de heff nich viell inne Arms un auk nich viell in'n Kopp, ick häbb all to usse Mama seggt, dao schiet wi'n Staat met an, dao mak wi'n Biamten drut."

„Du kann's di an mi schuern", sagg de Buer to sienen Ossen, „män bliew mi üm Guotts Willen met diene Höen von'n Balge."

Twee Sängers in een Bärr

Twee öllere Sängers troffen sich in'n Stadtpark. Nao so'nn kleinen Rundgang in de Anlagen gongen se an de Thek un unnerhollen sick üöwer de Singerie. Daobi drunken se so wissewegg een Snäpsken nao't annere. Äs se giegen Aobend nao Huese gongen, dao sagg Janns to Bäind:
„Du Bäind, ick kann so nich mähr büs nao Hues kuem'm."
„Nee", sagg Bäind, dat kannst du auk nich mähr, dat bruks du jä auk nich, du kanns jä bi mi slaopen, ick bin jä alleen, un mien Bärre is breet genog."
Janns gong met Bäind nao Hues un nao so'nn klein Tietken dao kreipen se dehaup in Janns sien Bärre. Janns konn obber nich so recht liggen. Dao sagg Biänd:
„Ach Janns, dann dreih di doch äs üm un legg di up de annere Siet."
„Ja Bäind", sagg Janns, „dat kann ick jä wull, obber dann mot ick di de Mäis todreihen."
„Dat kanns män doon", sagg Bäind, „du moß se mi obber muorn fröh wier lössdreihen."

Lüde de seggt, man soll sick nich üöwer Kleinigkeiten iärgern, de häbbt nao nie 'ne Mügg' in iähren Slaopstuom hat.

Dat Daudenhiemmd

Äs Schulte Roggenkamp starw, dao kam de Schreiner u't Duorp, üm denn Saak to maken.
„Usse Papa de sall'n gueten Saak hemm'm, ut Eikenholt sall he sien, wi häbbt jä nao genog drüg Eikenholt in'ne Schopp liggen", so sagg Roggenkamps Moder. Un dann sagg se auk: „Papa de krigg auk dat beste Daudenhiemmd wat ick kriegen kann, dat heff he wull vördännt, ick gaoh glieks in't Duorp un haal een."
Äs se dat Hiemmd dann in Huese har un't äs richtig bekeek, dao ducht iähr wull, dat se dat Ächterpant u't Hiemmd herutsniehen konn, dat was jä'n graut Stück guet'n Stoff, wat nich unbedingt in'ne Äer bruke.
Dann kam de Schreiner met'n Saak, he wull denn gueten Papa insaaken. Moder Roggenkampp gaff em dat Daudenhiemmd un sagg em daobi, dat se dat Ächterpant herutsniehen har.
„Dat is richtig so", sagg de Schreiner, „wenn juhe Papa in'n Saak ligg, dann süht man dao nicks von."
„Dat mein ick auk", sagg Roggenkamps Moder.
Veer Monat later satt Roggenkamps Moder sunndags in'ne Kiärk. Dao sagg de Pastor in siene Priäg:
„Wir werden unsere Toten so wiedersehen, wie wir sie zu Grabe getragen haben."
Nu wet't guet, dacht Moder Roggenkamp, nee sowatt, dat geiht nich, usse Papa kann doch nich aohne Rüggenpant in't Hiemmd in'n Hiemmel herümlaupen. Wat sall usse Papa un wat sollen de Naobers bloß von us denken. Se kreeg üöwerhaupt kinne Ruh' mähr.
In düsse Naut gonk se nao iähren Brour Hubert, de wouhne up de annere Siet von't Duorp, un holl sick Raot. Hubert sagg: „Ach Maria, dat is doch nich so slimm, dao mak di män kinne Suorgen drümm, in'n Hiemmel dao geiht't drunner un

drüöwer met de viell'n Mensken, un dann moß du met Bennatz män luck in'ne Ecken bliewen, un wenn de Musick dann spierlt – ümmer an de Wand lang –, ja dann moß du seihn, dat Bennatz ümmer met'n Rüggen an de Wand bliww, dann föllt dat üöwerhaupt nich up."

Iäst, wenn wi nich mähr wieder wiet't, lähr't wi us sölwst richtig kennen.

De Stukas

Äs an'n Anfang von'n twett'n Wiältkrieg de Stukas an de Westfront insett't wuorn, dao leip boll üöwerall in Stadt un Land de Film „Stukas". Jung un aolt wull'n daomaols seihn, wu de grauten Vüegel ut de Luft harunner hülten un met viell Radau alls kuort un klein mooken. Denn Film „Stukas" wull auk Reiners Buer siene Frau gäin seihn.
„Ja Papa", sagg se, „de Naobers häbbt'n all seihn, daorüm wull ick auk wull henn."
„Och Anna", sagg de Buer, „watt söll wi dao aobends nao in't Kino sitten, ick bin aobends möde un mag dao nich mähr henngaohen."
„Dat stimmt wull", sagg Anna, „obber laoh us dao doch män henngaohen, ick maak di vüörhiär auk ne schöne Panne vull Wuorstebraut met Schrouwen un brotte Appels drin."
„Ja guet", sagg Reiners Buer slieslick.
Eenige Dage later att Reiners Buer düörhenn satt Wuorstebraut, un dann gonk he met siene Anna in't Kino. Se satten guet

un wall 'ne halwe Stunn, dao sagg Reiners to siene Frau: „Du Anna, ick mott nairig harut, dat Wuorstebraut fänk mächtig an to driewen."
„Ach", sagg Anna, „dat geiht nu nich, du kann's nu so mitten in'n Film nich herutgaohen, du moß di nu män hatt holl'n."
De Buer kam obber ümmer mähr in Naut, denn et wull anfangen, in de Bux to sacken. Äs de Stukas dann wier met grauten Krach angreepen, dat't so richtig bummste, dao gonk't Reiners Buer in'ne Bux, bi denn twetten Angriff auk un bi denn diärn nich minner.
Nu häbb ick't in'ne Bux, dacht he, obber denn kollosalen Druck un de Naut de bink quiet. Siene Anna fonk obber boll an de ruken un de schnuwen un sagg:
„Nu wett't Tiet Bäind, dat wi gaoht, ick gleiw, se häbbt usse Hüsken troffen."

Biäter tweemaol dick äs eenmaol unwies!

Sien'n enzigen Traust

Paolmanns Bäind, so'nn Schomaker ut Iärwswinkel, was de Frau afstuorwen. Siene Vörwandten un Naobers beduerten em wull, obber wat konn't all helpen.
Enige Monate nao denn Daut besoch de Pastor denn Paolmanns Bäind, üm äs to kieken, wu't em wull gong. De Pastor troff Paolmanns Bäind auk an, obber bi 'ne Pulle Snaps un in vörgnögte Stimmung. Von Truerigket was nicks de miäken.

Äs Paolmann dann so'nn gueten Schluck ut de Pulle namm, dao fraogg de Pastor em:
„Ist das ihr einziger Trost, Paolmann?"
„Ne-ne, Herr Pastor", sagg Paolmann „so is dat nich, ick heff nao drei Pullen von düsse Suort in'n Keller staohen."

Up Strukamps Hoff

Strukamps Hoff lagg nich wiet von't Duorp. Et was'n schönen Hoff von guet hunnert Muorgen. De Gebeide, dat Land un dat Veeh wassen guet in stande. Arbeiden deihen Strukamps guet, se konnen et auk wull maken, denn Vader Hennerich was nao recht rüstig.
Von siene fief Döchters har he veer in Huese un auk sienen enzigen Suohn August, de achtundiärtig Jaohr aolt was.
Alls was wull guet, bloß dat de Döchters kinnen Mann metkriegen konnen, dat was doch'n graut Hueskrüß.
Wenn de Suohn August äs ganß vüörsichtig sagg, dat he wull hieraoten wull, wat he bi sien Aoller auk egentlick wull daohen moß, dann saggen de Süsters, ja August, dat wullen wi auk wull, hier sind obber Fraulüde genog in Huese, du bruks nich nao ene dübi to halen.
De aolle Hennerich deih dat wull leed, he konnt obber auk nich ännern un so liäwede he von de Huopnung un lagg alls in Guot's Hand.
Leiger waß dat all met Moder Strukamp. Se was doch recht bedröwt, dat de Döchter gar nich an de Siete kammen. Gewiß harren se alle wull so'nn hännigen Küöter kriegen konnt, obber dat was doch nicks füör richtige Buerndöchters.

Wat was de füffte Dochter, de Maria, glücklich dran, dat se Lährin wuorden was. De konn sick alltiet helpen. Wenn Maria in Ferien kam, dann wasst schön in Huese, de wuss viell to vörtellen. Up de Ankunft von Maria freide sick de ganße Famillig.
Vettein Dage vüör de Ferien gonk't bi Strukamps so richtig rund. Alls wuor up'm annern End stellt, weil doch de Lährin boll kam. Wenn de Naobers äs froggen, wuorüm alls so fien makt wüör, dann saggen Strukamps:
„Ja die Lährin de kümp doch."

Strukamps Vader holl de Lährin sölwst met'n Kutskwagen von de Bahn af. Drei Stunnen vüör't Inlaupen von'n Zug trock he sick all recht fien an. Vüör lutter Upregung konn he dann kaum nao wat iätten. He moß dann auk mähr äs gewüönlick nao'n Hoff laupen; un met em küern, dat gonk boll gar nich.
Wenn de Lährin dann ankam, gonk se iäst wull recht piel up'm End, obber dann kam'm doch boll de Suorgen met de Süsters. Se wull met Gewollt helpen, dat wennigstens de eene of annere an'n Mann kam. Se har de Fotografien von iähre Süsters ümmer bi sick, un in dat Duorp, wao se Lährin was, har se sick all viell Müh' giewen, et wull obber nich klappen.
Nu was dat sicher auk nich so licht, denn alle fief Döchter gleeken up'm Papa, un de waß wull guet, obber alles annere äs schön. Tante Anna, wat Moders Süster was, de har all maol ganß fien säggt:
„Strukamps Döchter de vörschäppten dat ganße Kiärspel."
Et was auk so, alle Döchter saogen würklick nich guet ut. Wat nützt dann dat guete Hiärt, de stillfien'n Kleder un de eikenen Möbel!
Et was in'n Hiärwst, dao kam de Pastor to Besöök nao Strukamps. He wull auk wull füör sien Krankenhues kollekteen. De Pastor sätte sick an't Hähdfüer bi de aollen Strukamps un dann küern se von düt un dat.
„Ja, Haer Pastor", sagg Moder Strukamp dann, „bi us was et auk schöner, wenn wennigstens de een of annere Dochter hieraoten konn, usse August de wett bi dat Wochten reinewegg aolt."
„Ja ja", sagg de Pastor, „das wäre sicherlich gut." Wat soll he auk anners seggen. De aolle Hennerich sagg dann up siene Art:
„Jau, Häer Pastor, wi dürft hier wull singen Herr sende den du senden willst . . "
„Ja, ja, ja", sagg de Pastor ganß bedächtig un met deipe Stimm, „durch den du allen Jammer stillst."

An't hieraoten sind de Döchters nich kuem'm. Äs August dann doch met tweeundvättig hieraoten deih, dao trocken twee Döchters bi de Lährin. Enige Jaohre later starw de guete Moder.
De aolle Hennerich Strukamp leit sienen Mot nich sinken. He har so'nn gueten Humor, un he konn auk so wunnerschön vörtellen, wenn't auk nich ümmer stimmde, wat he sagg. Sunndags nao't Hochamt, dann har he an de Thek de Buern üm sick staohn un dann bloß he iähr 'nen ganßen Haupen Wind in de Aohren, et lutt obber ümmer recht guet.
Äs he aolt was un dat Stiäwen neiger kam, dao deih de Lährin em faken besööken. Enige Wiärken vüör sienen Daut frogg he siene Dochter Maria, de dat äs Lährin wull wietten konn, of he wull in'n Hiemmel kam.
„O jau, Papa", sagg Maria, „dat is doch gewiß, du häß doch alltiet diene Vlicht daohn un auk guet füör us suorget."
„Jaaa", mende de Vader dao: „Ick weet et nich, ick häbb sunndags nao't Hochamt de Lüde doch viell beluogen."
„Ach Papa", sagg de Lährin dorup, „de Häergott is doch barmhiärtig, dat döt he di ganß gewiß vörgiewen, denn süh äs, er hat ja dem Schächer am Kreuze noch vergeben, un dat was doch gewiß 'nen leigen Kärl."
„Ja, sicher wull, Maria", sagg de Vader dann, „dat heff de Häergott wull daohn, obber dao satt he jä sölwst in Dübels Naut."

Dat rechte Maot

Up 'ne Hochtiet in't Mönsterland gonk't lustig to. De Mannslüde harren't all bi Tieten schön an't susen. Natürlick was de Häer Pastor auk inladen un auk rechtietig kuem'm. He keek sick von sien Plätzken ut dat muntere Völksken genau an. Et duere gar nich lang, dao froggen em de jungen Mannslüde, wuviell de Mensk egentlick wull drinken droff.
„Nun ja", sagg de Pastor, „drinkt män so viell äs de Oss' drinkt."
Dat was jä doch rieklick viell, menn'n de jungen Kärls, so viell äs'n Ossen süpp konn doch kien Mensk up eenmaol drinken.
„Ja", sagg de Pastor, „de Oss' süpp bloß so lange äs he Duorst heff, dann kann's em met guet Küern un auk met Sliäge nich mähr an't Supen brängen."

De Biamten, dat sind de besten Ehemänner, se sind aobends nich so möde un häbbt auk all de Tietung liärsen!

Lehmann's Tönne

Lehmann's Tönne was arbeitslös. He wull gäin arbeiden, konn obber kinne Arbeid kriegen. Dao gonk he äs nao de Spierlwarenfabrik Sasse un fraogg üm Arbeid an. Sasse mok Spierlsaken ut Holt so äs Slitten, Schaukeln, Schaukelpiärdkes un so wieder. De Fabrikant Sasse kenne denn Tönne genau. He fraogg em:
„Segg äs Tönne, wat wus du dann hier wull maken?"
„Och", sagg Tönne, „ick konn wull in't Büro arbeiden."

„In't Büro dao häbb ick füör di kinne Arbeid", sagg Sasse, „obber segg äs Tönne, kann's du telefoneern?"
„Jau sicher", sagg Tönne, „dat kann ick wull, ick heff all öfter telefoneert."
„Guet Tönne", sagg Sasse, „dann fang muorn män faot's an, wi wiest di dann, wat du maken moß."
Tönne har 'nen schön Pöstken kriegen. Nao so'nn paar Wiärk dao wull Sasse doch äs wietten, of Tönne siene Arbeid auch richtig mok. He gong deswiägen in't naichste Telefonhüsken un reip siene egene Firma an. Tönne melde sick sofort un sagg: „Firma Sasse, hier Tönne Lehmann."
Dann fraogg Sasse: „Ach Herr Lehmann, können wir wohl fünfzig Astlöcher bekommen?"
„Ja", sagg Tönne dao, „Astlöcher die haben wir wohl, aber die können wir nicht abgeben, wir brauchen selbst noch wohl hundert Stück für Äislöckskes für Schaukelpferde."

De Duorppastor

De Pastor in Schüörpingen was all luck öller. All' siene Schäupkes haren em von Hiäten leiw. To em kam eenes Dags so'nn ölleren Mann von achtunsiemzig Jaohr un sagg em, dat he hieraoten wull. Siene Brut de was sessunsiemzig Jaohr aolt.
„So aolle Lüde de hierraot' doch nich mähr, dat heff ja auk gar kin'n Sinn mähr", sagg de Pastor to denn aollen Mann. Un dann sagg he wieder:
„Wenn ih hieraoten willt, dann doht dat män demnächst in'n Hiemmel, dao meck de Häerguott de Trauung, dat is dann doch besonners schön."
Met düssen gueten Raot trock de aolle Mann wier aff. Twee

Jaohr later kam he bi Petrus an, siene aolle Fröndin was all buom. Dao gongen de beiden nao'n Häerguott henn un saggen em, dat se hierraoten wull'n.
„Dat is so'nn Wiärk", sagg de Häerguott, „hierraoten dat han'n Se up Ärden daohen sollt."
„Dat konn'n wi doch nich", saggen de aollen Lüde, „de Pastor in Schüörpingen har iähr afrott un seggt, dat dat de Häerguott in'n Hiemmel wull mok un dat de dat viell schöner konn."
„Ick kann dat obber nich", sagg de Häerguott, „dat mot'n Pastor maken, un Pastörs de häbb wi in'n Hiemmel gar nich."

De Vörstand

Slattkamps Bennätzken dat was würklich 'nen klook Kärlken. In de School was he de beste Schöler. De Lährer luowe em boll jeden Dagg. Dat Slattkamps Vader up sien Bennätzken ganß stollt was, is wull klaor. Dao sagg he äs maol to siene Frau: „Usse Bennätzken dat is doch 'nen düfftigen Jungen, de wett doch üöwerall guet ferrig, dat freit mi, un ick gleiw sicher, dat he sienen gueten Vörstand von mi heff."
„Jau, jau", sagg Mama dao, „dat stimmt, ick heff nämlich mi'n Vörstand nao."

Iärlenholt un raude Hour,
sind up gueten Buoden rour.

Dat Nösst in Pastors Gaoren

Bennätzken wuss'n Nösst sitten in Pastors Gaoren. Et satt inne Hieeg un gar nich so hauch, man konn so schön drinnkieken. Jeden Dagg keek Bennätzken in dütt Nösst, he wull seihn, off alle Eierkes nao drinn wassen.
Äs he eenes Dags auk maol wier in dat Nösstken keek, dao saog he, dat em de Haer Pastor beobachte. Bennätzken sleek sich deswiägen so ganß stikum ut Pastors Gaoren harut.
Äs he an'n naichsten Dagg wier in dat Nösstken keek, dao wassen de Eier drut. Dat heff de Pastor daon, dacht Bennätzken bi sick, kinn anner Mensk konn wietten, dat daor'n Nösst satt. Ümmer, wenn he denn Pastor saog, dann dacht he

daoran, dat de em dat Nösstken utnuom har.
Äs Bennätzken graut was, un hieraoten wull, dao gong he nao'n Pastor, üm siene Hierraot antomelden. De Pastor fraog em, wu siene Brut dann härre. Bennätzken wull obber met den Namen nich so recht harut, he küere all so drümharüm. Dao fraog de Pastor Bennätzken, worüm he em denn Namen von siene Brut nich seggen wull.
„Ne Haer Pastor, dat dook nich", sagg Bennätzken, „Se häbbt mi enmaol 'nen Nösst utnuom, dat dot Se so licht nich wier."

Spierlmanns Schnieder

Bernard Spierlmann, Schnieder un Junggesell met 'ne drüge Kiäel, was up siene Art gar nich dumm. Met denn Gemeinde-Amtmann stonn he siermlick up Kriegsfoot. Wao he Geliägenheit har, dao wisske he denn Amtmann ee'n ut.
All's wat nao siene Meinung in de Gemein nich richtig makt wuor, dat schreew he denn Regierungspräsidenten in Mönster. Siene Breew de gongen dann trügge üöwer denn Landraot in Stemmert an denn Amtmann, de daoto Stellung nir'm moß. Spierlmann de brach met siene miästen lierlicken Breew denn Amtmann nich selten in de Been.
De Amtmann wisske denn Schnieder wier ee'n ut, wao he't bloß konn. So gaff dat 'ne ganß interessante Schriewerie. Up't Gemeindeamt dao han'n se füör denn Schnieder 'ne egene Akte anleggt, dao stonn drup „Akta specialia betreffend den Schneider Bernard Spielmann".
De Duorppollzist de moß wull Anwiesung hat hem'm, Spierlmanns Bernard antezeigen, wenn he nachts in'n siäligen Tostand düört Duorp sung oder süss wao Dummheiten mok.

De Amtmann vörposs em dann 'ne Geldstraof wegen groben Unfugs.
Wenn Spierlmann dat Straofmandat in'ne Hand har, dann duere et nich lang, dann schreew he wier 'n lierlicken Breew an'n Regierungspräsidenten. So gong dat jaohrelang henn un hiär.
Spierlmann brach sien Geld gröttstendeels inne Wirtschaften unner. He drunk faaken richtig satt, so dat he to de Süpers riäkt wuor. Deswiägen satt em de Amtmann up de Supliest (Verzeichnis der Trunkenbolde), de in de Gemein in allen Wirtschaften uthangen moß.
De Wäitslüde droffen dann an de Trunkenbolde kinnen Snaps mähr vörkaupen. Spierlmanns Bernard mok dat nich viell ut, he nam sick de Tiet un holl sienen Snaps dann ut de Naoberdüörp.
Enes Dags moß he äs wier nao't Amt, nao'n Amtmann kuem. Äs he bi em in de Amtsstuow kam, sagg he:
„Guten Morgen Herr Kollege." Ganß upgebracht fraogg em de Amtmann:
„Wie kommen Sie dazu, Kollege zu mir zu sagen?"
Spierlmanns Schnieder gneese so'nn biertken un sagg dann ganß gelaoten:
„Ja, wi staot doch beide up de Supliest." (Der Amtmann hatte die Saufliste ja unterschrieben).
Spierlmanns Schnieder was auk in de Junggesellen-Schützengesellschaft. Äs he aolt was, dao heff he öfter to de jungen Kärls seggt:
„Jungs, ick gaoh nu wanner daut, obber riäkt män daomet, dat ick wierkuem, ick segg ju dann wu't dao buom is. Wenn ick obber nich wierkuem soll, dann döcht dao buom nich."
Bernard Spierlmann heff sick nich wier blicken laoten.

Franz geiht früemd

Rohlmann's Buer satt aobends met siene Familig in'n Wuohnstuorm. Se unnerhollen sich so nett üöwer all's wat so passeert was, üöwer de Arbeid de'n annern Dag makt waern moß, üöwer de Naobers un üöwer dat, wat inne Gemein nao wull makt wäern konn. Slieslick sagg Rohlmann's Moder:
„Ick wet't jä nich oft stimmt, obber gistern vörtelle mi Leisings Anna, dat usse Naober, denn Wöstkamps Franz, früemd gaohen soll."
Dao wuort so'nn Tietken still in'n Stuorm, un dann sagg Oma:
„Sooo, jäää, wull - he - dat - dann - nich?"

Et giff kin grötte Leed, äs dat,
wat sick de Mensk sölwst andeet!

Bennätzken moß nairig

Ölings Buer kreeg Besöök ut't Duorp. De guet Bekannten wullen all so lange kuem'm, nu was't endlick wat wuorn. De Besöök kam up'm besten Stuorm, dao konn'n se in Ruhe Kaffee drinken. Ölings Kinner spierlten in de graute Kürk. Äs de Besöök so recht vörgnögt bi Kaffee un Kooken satt, dao kam Bennätzken in'n Stuorm laupen un reip:
„Mammaaaa, ick mot nairig pissen."
Ölings Moder sprunk gau up un gonk met Bennätzken nao't Hüsken. Dann sagg se to Bennätzken:
„Du Bennätzken, wenn du äs wier pissen moß, un ick bin bi'n

Besöök up'm besten Stuorm, dann röps du bloß Mamma un seggs nicks, döss obber de beiden Finger so upeen drücken, so äs ick di dat nu wies (Zeigefinger auf Daumen), dann weet ick Bescheid."
Bennätzken bekeek sick dat genau un he mook dat auk so'nn paarmaol richtig nao. Füör Bennätzken was dat ganß wat Niees, he funn dat ganß schön. Deswiägen dure dat auk män so'nn Tietken, dao leip Bennätzken wier up'm besten Stuorm, he drücke de twee Finger upeen un reip:
„Mammaaaa, un kacken."

Besöök mäck ümmer Freide - wenn nich bi't Kuem'm, dann bestimmt bi't Gaohen.

De ganß Aollen

Up'm Kiärkhoff sit't twee aolle Mannslüde up de Bank. Se han'n beide dat Graw iähre Frau besocht. Dao kümp nao so'nn aollen Mann, so'nn Bäind, heran un sätt't sick bi iähr. Nao so'nn Tietken Küerie dao fraogg Hiärm denn Anton:
„Segg äs Anton, wu aolt büs du nu egentlick?"
„Ick bin jüst veerunachzig west", sagg Anton.
„Dat is all wat", sagg Hiärm. Nu fraogg Anton denn Hiärm, wu aolt he dann was.
„Jo - Jo -", sagg Hiärm, ick bin nao twee Jaohr öeller, ick was vüör säß Wiärk säßunachzig Jaohr."
„Daofüör büs du obber nao guet up de Been", sagg Anton em.

Hiärm, de dat miäste Küern deih, frogg dann Bäind, wu aolt he dann was.
„Ick“, sagg Bäind, „ick bin Maidag veerunnirgenzig west.“
„Dübel naomaol, so aolt büs du Bäind“, sagg Hiärm, „dann lauhnt sick füör di jä gar nich mähr, dat noch nao Hues geih's.“

Leede (ungeliebte) Pösst de staoht fast!

Dat Mäßstreien

In de Landwirtschaft mak se van Dage boll alle Arbeid met Maschinen. Ümmer kuemt nie'e Maschinen up'm Markt. In Amerika mak't se dat Mäßstreien nu ganß enfach. Se kippt de Mäß in Haupen up't Land un dann leggt se'ne Sprengladung drunner. De Mäß flögg dann egölick uteen. Düt nie'e Mäßstreien wull'n se auk in Dütskland maken.
Dao was so'nn grauten Buer in Ollenbiärg, de was ümmer een von de Iästen, we met mok, wenn wat Nie'es utprobeert wäeren moß.
Nu har'ren se bi em up'm Hoff nao so'nn Öhm Heinrich, de holl an dat Aolle fast.Met dat nie'e Wiärk moß man em nich kuem. He wull nich äs up dat nie'e Hüesken gaohen, wat se in'n Hues met Waterspölung anleggt harren. Öhm Heinrich de gonk nao up dat aolle Hüesken met'n Hiärtken inne Düör. Dat har he sick ächtern Gaoren mitten up'm Mäßhaup hennsett't. Dao is faots all's an Ort un Stell har he seggt.
Nu was Öhm Heinrich nich mähr jung, he konn nich mähr guet höern un seihn. Äs he eenes Dags muorns ganß fröh up

sien Hüesken gonk, dao har he gar nich seihn, dat de junge Buer 'ne Sprengladung unner denn Mäßhaup leggt har, wao sien Hüesken drupp stonn. Dao satt he nu ganß still un naodenklick. Up eenmaol gonk de Sprengladung löss. Öhm Heinrich flaug met sien Hüesken düör de Luft.
„Mein Guott", sagg de junge Buer, „an denn Öhm heff ick jä gar nich dacht, nu sall he wull daut sien."
Se keeken nao buten und dann saogen se, wu Öhm Heinrich ganß langsam ut so'nn Haipken Mäß un Briär herutkreip. Dann sagg de Öhm:
„Donnerlitz, dat is doch guet, dat mi denn Pupet nich in Hues lössgaohen is."

Bennätzken kreeg kleine Autos

Haverkamps Anton, so'nn Buer in Greim, föherde alle veer Wiärk met siene Frau nao Mönster, üm intokaupen. Se menn'n, dat man in de Stadt doch billiger inkaupen konn äs up'm Lan'n. So wassen se auk äs wier in Mönster. Haverkamps Moder har all's upschriewen, wat se kaupen wull un se wuss auk de Geschäfte, wao se prieswäit kaupen konn. Somet duere dat Inkaupen nich lang.
Äs se wier trüggföhern wull'n, dao foll iähr in, dat se füör iähr kleine Bennätzken nao 'ne Kleinigket kaupen mossen.
„Lao us män iärm inne Epa gaohen", sagg Haverkamps Modder, „dao find ick wull wat."
Se gongen in de Epa un fun'n füör Bennätzken so'nn Bülken vull ganß kleine Autos ut Plastik.
„Dat is jüst dat richtige Spielwiärk füör Bennätzken", sagg de Moder.
Äs se em dann de viellen kleinen Autos gaffen, dao was

Bennätzken rein weg glücklick. Eenes Dags lagg he in de graute Kürk up'm Rüggen un har so'nn klein Auto in'n Mund. Dao gleet em dat Dink in'n Hals, un dao fonk he an to Wehen un to Schreien.
Haverkamps Moder snappe sick dat Kärlken, smeet't so'nn paarmaol inne Luft un dao was dat kleine Auto all düörn Hals in'n Buuk gliert'n. Nu was Holland in Naut. Haverkamps Moder reip Papa in't Hues unn dann wassen se beide daofüör, faots met Bennätzken nao't Krankenhues to föhren. Dao weesen se denn Dokter so'nn klein Auto, äs Bennätzken harunnerslurken har.

„Ja", sagg de Dokter, „dann wollen wir mal 'ne Röntgen-Aufnahme machen, um festzustellen, wo sich das Ding befindet."
Äs de Upnahm ferrig was, dao wees iähr de Dokter denn Film un sagg:

„Hier sehen Sie das Auto, äs liegt schon im Magen.“
„Wat könn wi dann nu maken, Häer Dokter“, fraogg Haverkamps Moder.
„Im Moment nichts“, sagg de Dokter, „ wahrscheinlich wird das kleine Ding seinen natürlichen Weg nehmen. Sie können Ihren Jungen wieder mitnehmen, müssen ihn aber täglich öfter auf's Töpfchen setzen und immer prüfen, ob das Auto den Körper wieder verlassen hat. Sollte es nach drei Tagen noch nicht wieder zum Vorschein gekommen sein, dann müssen wir einen kleinen Eingriff machen.“
Nu moß Bennätzken boll denn ganßen Dagg up't Pöttken sitten. He satt bi Mama in de graute Kürk, luck inne Eck, daomet se'n ümmer inne Augen hollen konn. Mangs sagg se: „Bennätzken, du moß düfftig drücken.“
Bennätzken deih dat auk, dat he raut wüör büss ächter de Aohen. An'n diärn Dagg muorns dao reip he:
„Mama, Mama, dat Auto kümp, dat Auto kümp.“ Mama leip faots henn un fraogg em:
„Bennätzken, wu wees du dann dat dat Auto kümp?“
„Ja Mama“, sagg he, „ et heff jüst all tweemaol hupt.“

De Lährjung

De Duorpschmitt har to Ostern 'nen Lährjung instellt. De Jung was iäst enige Wiärk in de Lähr, dao fraogg he sienen Messter all, wann he Urlaub kriegen konn. De Messter sagg em, dat he in't iäste Lährjaohr kin'n Urlaub kreeg.
Enige Wiärk later fraogg de Lährjung sienen Messter all wier nao Urlaub, he kreeg obber wier de glieke Antwort. Et dure

gar nicht lang, dao fraogg de Jung all wier nao Urlaub, un wier kreeg he de glieke Antwort.
So'nn paar Wiärk later kam de Jung sien Vader nao'n Messter, üm äs to fraogen, wu he met sien Jungen tofriäe was.
„Guet", sagg de Messter, „ne de Jung is all guet, bloß he kümp mi alle paar Wiärk un frögg nao Urlaub."
„Ach ja", sagg de Vader, „dao kann de Jung nix dran maken, de was vüör een Jaohr schwaor krank un dao häbbt se em in't Krankenhues Bloot üöwerdriägen von ussen Hauptlährer."

Vader, schuw du män, segg de Jung, du büs jä doch all krumm.

Hiärm in't Krankenhues

De Stohlmakermester Hiärm gong't met veerunsiermzig Jaohr nao recht guet, bloß seihn konn he ganß slecht, weil he up beide Augen 'nen griesen Staor har. Daogiegen soll he wat unnerniehm, he wull obber gar nich nao'n Augendokter henn. Met guet Küern kreegen se Opa Hiärm doch löss un auk to de Operation in't Krankenhues.
Äs dat eene Aug' operert was, un't Hiärm enige Dage later biäter gong, dao kam de Dokter bi em an't Bärre un fraog em: „Na, Herr A., wi geht's Ihnen denn?"
„Ooo guet", sagg Hiärm, „ick kann nu all biäter seihn, äs vüör de Operation."
„Das ist ja gut", sagg de Dokter, „und das bessert sich jetzt noch von Tag zu Tag."
Dann holl he Hiärm so'nn Glas vüör dat opererte Aug' un fraog em:

„Wieviel Finger sehen Sie jetzt?" Hiärm sagg, „zwei". „Ach, Herr A., schauen Sie doch mal richtig hin, wieviel Finger sehen Sie denn jetzt?"; fraog de Dokter. Hiärm sagg wier „zwei".
„Jetzt mal ganz ruhig, Herr A.", sagg de Dokter, „nun zählen Sie doch mal, wieviel Finger Sie wirklich sehen". Hiärm sagg ganß ruhig:
„Zwei Finger Herr Dokter und natürlich auch den Daumen."
„Da haben Sie recht", sagg de Dokter, daobi keek he denn ollen Hiärm ganß vörwünnert an un dann gong he grinsend wieder.

Füör'n Gesicht, dat lacht, brück man diärdteihn Muskeln, füör'n gräsig Gesicht boll säßtig. Waorüm will wi us egentlick so üöweranstrengen?

Kinn Hüesken an de Thek

Flasskamp Franz, so'n jungen Mann u't Ruor, was maol wier in de Stadt weßt un har sick daor gehörig een'n drunken. Äs he aobends laat met'n Zug wier in Ruor ankamm, dao har he nao üörndlick een'n in de Hacken. Nao Hues wull he obber nao nich gaohen, he wull sick iäst äs nao een'n drinken. Daorüm gonk he in de Wirtschaft Essing, de dicht an'n Bahnhoff lagg. Dao stelle he sich anne Thek un dao stonn he so stief äs'n Buck. He bestelle sick 'nen Glas Beer un kölpe ut'n Kopp äs'n halwdaut Kalw. De Wäit miärke wull, dat Franz uttriä'n moß,

obber nich gaohen wull. Nao so'nn Tietken wieder deih Franz so, es wenn he't an de Thek laupen laoten wull.
„He Franz", sagg Essing, „watt mäck's du dao, gaoh gau nao buten, hier an de Thek is doch kinn Hüesken."
„Ne", sagg Franz, „is hier kinn Hüesken, dann wett't obber höchste Tiet dat hier een henkümp."

Ut de Hitlertiet

1. Dat aolle Zentrum

Et sind all üöwer vättig Jaohr hiär. Denn Hitler, de was guet un wall twee Jaohr an't Ruder. Dao troffen sick sunndags nao de Hohmiss de Buern in Brochterbiäck bi Homanns an de Thek. Et gaff dao sunndags bi't Snäpsken so viell to vörtällen, von't Saihen un Maihen, von't Veeh, von de Priese un wa't süß nao so gaff. August un Bennatz de stonn'n auk an de Thek, obber so lück trügge an de Siete.
Bi de Küerie fraogg August dann Bennatz:
„Segg äs, Bennatz, wat dücht di egentlick so von de nie'e Tiet, von denn Nasionalsosialismus?"
„Ooch", sagg Bennatz so ganß vüörsichtig, „mi dücht wull, dat de nich so slecht is, se haalt us jä dat Wiärk nu ut'n Huese. De Kartuffel kost nu füfftig Penning mähr äs fröher, un de Bulln's betahlt se us auk biätter."
„Ja sicher wull", sagg August dao, „dat stimmt wull, obber wat mi an dat ganße Wiärk nich geföllt, dat wick di jüst seggen. Du weeß doch, ick heff de grauten Kinner, de beiden Jungs un de beiden Wichter. Weil ick auk de Rietpiärde heff, sind de Jungs bi de reitende SS gaohen un de Wichter gongen dann bi denn BDM. Nu heff ick dao egentlick nicks giegen, wenn sick so

junge Lüde freit un aobends äs ut'n Hues gaoht; denn etwas willt se jä von't junge Liäben hämm'm. Se sinnt obber in de lessten Tiet boll jeden Aobend weg. Wenn se dann giegen teihn Uhr wier in Huese wassen, dann wull ick nao nicks seggen, dat wett obber elwen, twiälw un manks auk wull een Uhr, büß de lessten wier in Huese sind. Usse Mama wett dann ganß weherig, un se krigg auk kin Aug' anneen. Un wenn ick dann an'n annern Muorn auk roop ‚Deutschland erwache!' dao kümp nicks heran. Wenn't dann met de Arbeid wat wäern mot, ja dann mot dat aolle Zentrum in'n Kohstall un melken."

2. Heil Hitler

An'n naichsten Sunndag stonn August wier bi Homanns an de Thek. He har dat Wiärk met denn Nasionalsosialismus wier in'n Kopp. Dao was he ganß krank dran, un daorüm soch he ümmer wier Geliärgenheiten, met annere Buern daorüöwer to küern.

Van Dage fraogg he Straukamps Hiärm, de met em nao de School gaohen was, wat he so von de nie'e Tiet, von denn Nasionalsosialismus, holl. Hiärm wass'n Mann, de gäin Spässkes mook. He sagg:

„Du August, denn Nasionalsosialismus dat is nicks nie'es, de is up ussen Hoff alltiet wesst."

„Ick gleiw, du vörsteihs mi nich", sagg August, „ick mein dat Hitlerwiärk."

„Ja - ja - jaaa", sagg Hiärm, „jüst dat Hitlerwiärk, dat was alltiet up ussen Hoff."

„Pass es up August", sagg Hiärm, „ick will di dat äs vörtellen. Soboll dat muorns lecht wett, dann kreiht usse Hahn all - Än - es de - a - pee -. Wenn't dann luck wieder lecht wett, dann laupt usse Ahnten (Enten) nao'n Diek un ropt - SA - SA - SA -. So August", sagg he dann, „un dann gaoht usse Gaise nao de Wiesk un schreit - SS - SS - SS - SS -. Un dann duert auk nich

mähr lang,dann sprinkt usse Paofhahn (Pfauhahn) up't Heck un röpp - N - S - B - O - oooo,"
„Ja, August", sagg Hiärm, „dann ist so wiet, dann gifft an ussen Hues Kaffee, dann geiht usse Mamma nao'n Pütt un lött'n Wateremmer herunner un daobi quiekt de aolle Rull ganß fien - Heil Hitler, Heil Hitler, Heil Hitler. Du moss doch seggen August", sagg Hiärm, „dat wi up ussen Hoff denn Nasionalsosialismus ümmer hat häbbt."

De westfäölske Dickopp

Ät was kuort nao'n iästen Wiältkrieg, es't alls nao up Karten gaff. Dat Fleesk was to de Tiet reinewegg knapp un Swattschlachten, dat droffen de Buern recht nich riskehen. Dao sagg de Buer Mawert enes Dags bi't Iärten:
„Denn grauten Bullen, de deik am leiwsten sölwst schlachten, obber man drafft nich daon, un de Schlächters dao't auk nich, weil't to hauge bestraoft wett."
Sienen Knecht Stanilaus, de ut Bottrop kam, har dat wull vörstaohen un sagg to Buer Mawert:
„Bauer, den Bullen den will ich wohl schlachten, das kann ich wohl, ich habe geholfen viel in Wanne auf Schlachthof."
De Buer Mawert gaff kinne Antwort, dat Dink truhe he nao nich. So Buern, de sind vüörsichtig, de laot sick so gau nich packen.
Äs Mawert sick dat dann so enige Dage üöwerleggt har, dao mennt he doch wull, dat Stanis denn Bullen män schlachten soll. He beküerde dat Wiärk met Stanis, un dann wuor afmakt, denn Bullen in de naichte Nacht to schlachten. Üm twee Uhr nachts stonn Mawert up, mook de Lamp an un wecke Stanis,

de up'm Büehn anne Diäl slaip. Dann leggten se de graute Äx un dat scharpe Messer ferrig. Mawert kreeg sienen Bullen recht bedächtig u'tn Stall un trockene uppe Diäl. Dann was Stanis drann. He sagg:
„So Bauer, jetzt mußt du ganß dicht stehen am Bullen und ihm Kopf so halten fest, wie ich jetzt zeigen tue."
Mawert holl denn Bullenkopp recht stur fast un wochte up denn richtigen Slagg. Stanis, de met beide Augen nutz schiärl keek, kreeg sich de Äx un bumms, de iäste Slagg de gong vüörbi un de Äx flaug met denn grauten Schwunk giegen denn Kohtrogg.
Mawert waßt all so'nn birtken schwummerig, he sagg obber nao nicks. De twedde Slagg was all biärter, he har obber bi denn Bullen nao kinne Wirkung. Äs de Bull' bi'n diärn Slagg sienen Kopp luck an de Siete trock, dao sagg Buer Mawert:
„Stanis, wenn du mi nao enmaol upp'm Kopp slöttz, dann laoken di löß."

Drei Praohlbuxen

Up'm Duorpplatz stonn'n drei Schooljungs bieneen, se unnerhollen sick un gaffen daobi nutz an. De eene Jung har denn stärksten Pappa, de annere de gröttste Mama, un so gonk dat wieder.
Dao sagg denn een'n:
„Wi häbbt 'nen Pastor in de Famillig, wenn de äs bi us kümp, dann segg wi all Hochwürden."
Dao segg denn annern:
„Dat is doch nix, wi häbbt 'nen Bishoff in de Famillig, de kümp jä selten bi us, obber wenn he kümp, dann segg wi alle Exellenz."

„Dat is gar nicks“, sagg denn naichten, „wi häbbt 'ne Oma, wenn de äs kümp, dann segg se bi us alle ---o Guott, ---o Guott, ---o Guott.“

Jede Moder huopt, dat iähre Dochter eenen biäteren Mann krigg äs se sölwst. Se is auk daovon üöwertügt, dat iähr Suohn niemaols so'ne guete Frau krigg äs sien Vader kriegen heff.

Andersen Nexö

Sülverhochtiet

De Küörter Leißing har Sülverhochtiet. Et was in'n Februar. Dat Wiäre was recht rüsig un fücht. De Biäcken un Kuhlen wassen vull Water, un up alle Wiäge un Pättkes wast natt un glitzkerich. Dao gonk Leißings Franz met siene Frau ganß fröh nao de Kiärk, est nao pickendüster was. Unnerwäggs kam'm se an so'nne breede Biäck, wao se drüöver mossen, un de auk vull Water stonn. Se mossen üöver so'nn lang Brett gaohen, wao dat Water so jüst drunner plätzkede. Äs de beiden Lüde vüör dat Brett ston'n, dao sagg Leißing to siene Frau:
„So, Anna, nu gaoh du män iäst, wenn du dann afrutsken solls, dann sall ick di wull snappen.“
Anna was mitten up't Brett, dao gleet se ut, un äs Franz se packen wull, dao lagg se all in'ne Biäck, so rassk gong dat. Anna satt büß an'n Kopp in't Water un was met Gewolt an't wuortken, dat se wier an't Land kam.
Äs se so richtig an't Strampeln un in höchste Naut was, dao reip Franz iähr to:

„Anna, holl üm Gotteswillen dienen Mund to, dat di kinn Water drinn löpp, wi willt doch glieks nao kummsäern.“

Dat Krüßteeken

In so'nn klein Duorp wuene de Buer Tutmann giegenüöwer von de Pasteraot. Jeden Muorn, wenn de Buer ut'n Hues gong, dann mok he buten vüör siene Huesdüör 'nen graut Krüßteeken. De Pastor de har dat all länger seihn un bi sick dacht, wenn doch alle Lüde met'n Krüßteeken ut'n Huese gaohen wull'n, dat wüör doch guet.
Enes gueten Dags troff he sienen Naober Tutmann un sagg em, dat he dat füör ganß guet holl, wenn he muorns bi't uten Huese gaohn 'nen Krüßteeken mok un so met'n Siängen an de Arbeid gong.
„Was Sie da machen, Herr Tutmann, möge ein gutes Beispiel sein für andere Bauern“, sagg de Pastor.
„Ne, Haer Pastor“, sagg Tutmann, „ick mak obber muorns, wenn ick ut'n Hues gaoh, kinn Krüßteeken, ne Haer Pastor dat nich, ick bin so vörgiätlick, daorüm pack ick mi, buten vüör de Huesdüör an'n Kopp, an de Buorst un an de Bux un denk daobi, hess du auk all's, de Müssk, de Brill, de Piep un vüör'n de Bux to.“

Dat is'n anner Käörn, sagg de Möller, dao beet he up'm Museküerl.

De Anstrikes

Steenkamps Franz ut Iält kam äs nao Rhein, he wull luck inkaupen. An Hus Eck dao troff he sienen aollen Schoolfrönd Bäind, de siet Jaohren in Ostenwoll vörhieraot was. Bäind was jüst met de Pengelbahn nao Rhein kuem. Dat was'n hiärtlick Wierseihn.
Se gongen dann üöwer de Osnabrücker Straot up de Basilika to. Dao bleewen se 'n Augenslagg staohen un keeken up denn haugen Kiärkton.
„Du Franz", sagg Bäind, süs du dao buom an'n Taon de witten Pläckskes?"
„Ne", sagg Franz, „de seih ick nich, aohne Brill kann ick so wiet nich kieken, obber wenn sick de beweggt, ja dann sind Duwen, wenn sick de obber nich beweggt, ja dann sind de Anstrikers."

De Siegenbuck is auk 'nen Messter!

De Märtenbolz

Lanvers Heinrich, so'nn Küöter in't Mönsterland, kam aobends laat von't Singen nao Hues. Se han'n schöne Leeder inübt füör dat graute Fröhjaohrskonzert. Dat eene Leed, dat geföll iähr all so guet, wao dat an'n End hedde:
„Deutschland dir mein Vaterland." Bi düt Leed, dao konn Heinrich sien Tenorstimmken so richtig straohlen laoten.
An düssen Aobend harren se dat nie'e Leed auk an de Theke

sungen, un dat gründlick. Et was laat wuorn, un Heinrich har schön een in'n Timpen kriegen. Siene Antonia gonk aobends bi Tieten in't Bärre, obber inslaopen, dat konn se iäst, wenn Heinrich wier in Hues was.

Äs se in'n Bärre so ganß ruhig üöwer all's naodachte, dao häör se up enmaol wat rannkuem. Se lustere up un dacht, richtig, dat is he, un dick is dat Swien auk wier. Se reip Heinrich all entgiegen:

„Ja, ick seiht wull, du häss dien Kanöelken wier schön vull, wat häbb ih aollen Mannlüde egentlick von ju'e Superie?"

Heinrich sagg gar nicks, in so'nn Fall dann sweeg he, dat was nao siene Meining ümmer richtig. He trock sien Tüg ut un kreip in'n Bärre. Antonia bleew obber an't schimpen, se fonk sogar up hauchdütsk an un sagg:

„Das ist Unmäßigkeit im Trinken und Lieblosigkeit gegenüber der Frau, das sind schwere Sünden."

Äs Heinrich dat häöre, dao sagg he ganß gelaoten:

„Mama, nu stör mi doch nich, ick bin doch jüst an't biädden."

Antonia sweeg dann auk, un Heinrich konn inslaopen.

Est dann so'nn Tietken ganß still was, dao gloww Antonia, dat buten Sänger wassen, de iöhren Mann reipen. Se reipen alle Augenblick:

„Hei - ei - ei - rich, Hei - ei - ei - rich."

Dao mossen obber auk wull Fraulüde bi sien, ducht iähr, denn een so'nn Fraumensk met so'nn fien Stimmken dat reip tüsskendüör ümmer wier hu - hu - hu -. Nu wett't doch guet, dacht Antonia, düsse Suplappen u't Duorp willt Heinrich mitten in de Nacht nao'n Ständken brängen, so'nn vörrückt Volk.

Et konn nicks helpen, se wecke Heinrich, de trock siene Bux an, gonk äs an de Huesdüör un mook de Lamp vüörn Hues äs an. Dao saog he't wull, drei Katten satten ächtern aollen Nuetstruk un mooken denn Raudau. Heinrich bekeek sick dat

Spierl ee'n Augenblick. Twee Katten satten un'n an'n Grund un keeken sick wissewegg stur in'ne Augen, un eene satt luck höcher in'n Struk un deih dat Wiärk von buoben bekieken. Alle drei mooken se 'nen krummen Buckel, un iähre Stiärtkes gongen sachte hen un hiär.

Äs Heinrich dat so bekeek, dao gonk em nao eenmaol dat Leed: „Deutschland dir mein Vaterland" düör sienen Brummschädel. Dao up enmaol schreie de fosse Märtenbolz, et was Naobers Friedhelm:

„Hei - ei - ei - rich, Hei - ei - ei - rich."

Dat was Heinrich doch toviell, he leip gau in't Hues, greep dat nie'e Biel, dat dao jüst up'm Stohl lagg un smeet et met so'nne Wucht tüssken de Katten, dat't düör de Hiegg büs an de Straot flaogg. Heinrich gonk dann in't Hues, denn dat Spierl was iäst äs ut.

He har siene Bux obber nao gar nich wier ut, dao reip de Märtenbolz all wier: „Hei - ei - ei - rich, Hei - ei - ei - rich." Weil Antonia bi so'nn Gedoh nich in'n Slaop kuem'm konn, moß Heinrich nao de Diäl gaohen un Walliken halen, de soll de aollen Katten zum Deibel jagen.

Walli leip auk wull recht irwerig u't Hues, äs he obber denn fossen Märtenbolz saog, denn Friedhelm, ja dao wull he gar nich so recht angriepen, denn de beiden kannten sick genau. „Walli, pack se di", sagg Heinrich, un Walli stauw dann auk drupp. Män wat kam dat Rüerken an. Friedhelm har de Gefaohr kuem'm seihn, sick richtig upbaut un Walliken dann ganß fix dat Snütken furchtbar kaputtkratzt.

Walli leip sofort snurstracks in't Hues un schreie all män to. Nu was de Krach graut genoog. Antonia stonn up un schimpe un jankere dao giegen an.

„Wat heff ick bloß nao von't Liäben", sagg se, „denn ganzen Dagg schufften un nachts kin'ne Ruh. Büs twee Uhr kriegman kin Aug' aneen, weil du büs mitten in de Nacht harümsüpps,

dann dat Gedoh met de aollen Katten, nu schreit Walli dat ganße Hues bineen un et is all drei Uhr. Muorn sall ick nao Laums un bi't Slachten helpen, ja dao bliff man doch kin Mensk bi."
Äs Antonia utschimpt har, dao wuor't bi Lanvers so langsam ruhig. Walli har sick uthült, un Heinrich sleip in gueter Ruh. Bloß de Märtenbolz de reip von wiederwegg nao af un to „Hei - ei - ei - rich".

De gueten Höhner

De Pastor u't Duorp besoch enmaol in de Wiärk de Kranken in't Krankenhues. Nao sienen Besöök gong he dann met Schwester Oberin düörn Gaoren un düörn Veehstall. Äs he daobi maol wier de dicken brunen Höhner bewünnere, dao sagg Schwester Oberin to em:
„Ja, Herr Pastor, das sind ganz vorzügliche Hühner, wenn wir davon doch Junge bekommen könnten."
„Die können Sie doch haben", sagg de Pastor, „legen Sie doch Eier unter die Glucken."
Schwester Oberin har sick dat miärkt, se wochte nu bloß nao up'm Hohn watt brött. Acht Dage later, dao wasst so wiet, dao fong so'nn dick Hohn an te bröden. Nu sollt wat wäern met de Höhnertucht.
Schwester Oberin gonk nao denn aollen Buer Mensing, de siet eniger Tiet in't Krankenhues lagg un frogg em, wuviell Eier man wull unner so'nn Hohn leggen konn. De Buer sagg:
„Wenn't 'nen klein Hohn is twiälw Eier, wenn't obber 'nen graut Hohn is könnt vetteihn off füfteihn unnerleggt wäern."
An'n naichsten Dag satt de dicke Kluck all so fast, dat de Oberin de Eier unnerleggen konn. Se deih de Kluck guet

hiägen un auk jeden Dag daonao kieken. Äs se vetteihn Dage brott har, dao frogg de Oberin denn aollen Buer Mensing, nao wuviell Dage de Eier utfallen mossen.
„Wenn de Kluck guet sitt, nao eentwintig Dag“, sagg de Buer.
Äs eentwintig Dage herümwassen, dao keek de Oberin wull dreimaol an'n Dag, off de Küken all ute Döpp wassen. Äs se met tweeuntwintig nao nich herutwassen, dao leip de Oberin wier nao Mensings Buer, se wull wietten, wu dat wull kuem'm konn.
„Ja“, sagg de Buer, „de Küken kuemt wull, et kann sien, dat de Kluck de iästen Dage nich ümmer up de Eier satt.“
De Oberin wochte nao twee Dage, äs dann obber nao kinne Küken ut'n Dopp wassen, dao wull se wier Raot halen von Buer Mensing.
„Ja Schwester“, sagg de Buer, „wenn de Küken nu nao nich drut sind, dann liggt an'n Hahn.“
„An'n Hahn?“, sagg de Oberin, „wir haben ja gar keinen Hahn.“
„Ach so, ih häbbt gar kinnen Hahn, ja dann liggt auk nich an'n Hahn“, sagg Mensings Buer.

De Pastor sien Auto

(een waohr Geschichtken)

Denn aollen Pastor in W. harren se alle recht leiw. Dat wass'n Häern, de in de Kiärk all's flott mok. So'nne Hohmiss met Priäg droff bi em nicht lang duern. Eenes Dags schaffe sick de aolle Häer nao'n Auto an, dat sienen Kaplaon föhern moß. De Wagen kreeg dat Kennteeken BF - KH 32.
In'n naichsten Rellionsunterricht gafft dann tüssken denn

Pastor un de grauten Schooljungs düsse Fraogen un Antworten:
Pastor: „Wißt ihr schon, daß der Pastor 'nen Auto hat?"
Jungs: „Ja, einen VW."
Pastor: „So, das wißt ihr; wer fährt den Wagen denn?"
Jungs: „Der Herr Kaplan."
Pastor: „Wißt ihr denn, was das Auto für ein Kennzeichen hat?"
Jungs: „Nein, Herr Pastor."
Pastor: „Dann schreibe ich es mal an die Tafel", un he schreew BF - KH 32.
Pastor: „Was bedeutet denn dieses Kennzeichen?"
Jungs: „BF heißt Burgsteinfurt, das andere wissen wir nicht."
Pastor: „Dann will ich es euch sagen. Es bedeutet: „Bin für kurzes Hochamt 32 Minuten -."

De Spazeergang

Wöstmanns August sagg sunndags to siene Frau:
„Du Anna, söll wi naomeddags 'nen Spazeergang maken, dat Wiär is so schön, wi konn'n wull büs Lintels Kuoten gaohen un giegen Aobend met'n Buss wier trügge föhen."
„Ja", sagg Anna, „dat lao wi män dohen."
Nao't Meddags-Slöüpken drunken se'n Tässken Kaffee un dann gongen se löss, August ümmer so'n paar Tratt vüörut. Et gong düör Büssk un entlang an Wiesken un Hiegen, un nao so'nn Stündken wassen se an Ort un Stell. Se sätten sick an'n Dissk, Anna kreeg 'ne Tass Kaffee un August 'nen Snäpsken un'n Glas Beer.
Se satten nao gar nich lang, dao gong de Düör löss un harin kam'm drei Sangesfrönde von August, de met't Rad unner-

wegs wassen. Se stellen sick an de Thek, un wanner stonn auk August daobi.
Iäst gafft ne nette Küerie, un dann wüör mährstimmig sungen. Dat kann wat wäern, dacht Anna, de alleen an'n Disk satt un de veer Sängers in't Aug' holl. Anläßt han'n de Sängers ut denn Spazeergang ne schöne Superie makt. Nu kam boll de Autobus, wao August un Anna met trügge wull'n.
Met guet Küern kreeg Anna iähren August ut de Wirtschaft up'm Weg nao'n Bus. August gonk so teihn Tratt vüör Anna,

he swirke so luck henn un hiär, he bleew daobi obber up de Been. Äs se dann an denn Autobus kam'm, dao sagg de Chauffeur to August:
„Ne, mein Lieber, mit so einem Affen da nehme ich Sie aber nicht mit."
Dao dreihe August sick üm un sagg to siene Anna:
„Süüste Anna, dat heff ick mi dacht, du was's am besten in Hues bliewen."

Bennätzken sien Fleitpiepken

De Pastor de wull de graute Kollekte füör sien Krankenhues hollen. He gonk dann sölwst düör alle Buerschuppen von Hues to Hues. Sunndags in de Kiärk sagg he an, in wat von'n Hook he inne Wiärk vüörspriäken deih, daomet sick de Lüde drup inrichten konn'n.
Gunstags wull he ächten in'n Brook kollekteen, so har he't anseggt. An düssen Dag sagg Leisbrocks Moder to iähr Bennätzken, äs he ut de School kam:
„Bennätzken, du kann's van Dage dienen Schoolanzug anlaoten, weil glieks de Häer Pastor kümp to't kollekteen. Do män gau iätten un dann sett di män an't Küekenfenster un mak diene Schoolarbeiten. Wenn du dann süs, dat de Häer Pastor üöwern Essk kümp, dann moß du mi roopen. Un wenn he dann in't Hues kümp, dann geihs du faots up em to, mäcks'n feinen Diener, giwws em de beste Hand un seggs gueten Dag Häer Pastor, so äs ick di dat bibracht heff."
Bennätzken de satt nu in de graute Küek an't Fenster, keek nao'n Essk herut un wochte up denn Häern Pastor. So giegen drei Uhr dao kam de Häer Pastor heran. Bennätzken sagg't gau Mama, un dann stelle he sick an de Huesdüör praot. Äs de

Pastor in't Hues kam, dao gaff Bennätzken em sien Händken un mook daobi n'en schönen deipen Diener. Daobi passeere et em, dat he so'n fien hauch Püüpken fleigen leih. Dat was em doch viell to dumm. De Pastor miärke dat un wull Bennätzken ut de Vörliägenheit helpen. He sagg:
„Na Bennätzken, häss du'n Fleitpiepken inne Tassk?"
„Ne, Häer Pastor", sagg Bennätzken, „dat dook met de Mäise."

Biäter 'n gueten Naober äs'n wieden Frönd!

Dat Lamm Gottes

Up de Düörp dao gafft fröher so allerlei Originale. Enen daovon was de aolle Schnieder Kösters. He har denn Bienamen „Lamm Gottes", so wuor auk ümmer bloß to em seggt.
Et was so'nn aollen Junggesellen, so schrao äs'n Jagdrüer. He har mitten in't Duorp bloß enen Stuorm miet't, dat was sien Wuehn-, Arbeids- un Slaopstuorm. Jeden Aobend brachen em Kinner ut't Duorp een Litter sööte Miälk. De deele he up füör meddags un aobends.
Meddags quätte he kuorkte Kartuffel drin un aobends luck drüg Braut. Dat wassen siene Hauptmaohltieten.
In sienen Stuorm stonn een Bärr met dunkle Küssen, een breet Schapp, ee'n grauten Schniederdissk un so'nn paar aolle Stöhl. Dat was Lamm Gottes sien ganße Hab un Guet, un mähr wull he auk gar nich hem'm.
Küern deih he ganß wennig, auk nich met siene Kundschaft; he was still un doch ümmer guet tofriäer. Wenn dat aobends fröh

düster wuor, dann kloppten de Duorpjungs an siene Blendladen un reipen: „Lamm Gottes.“
Wenn he dat höere, dann wuor he wahne flott, sprang met de Iäl von'n Dissk un suse nao buten. De Jüngskes kreeg he obber nie inne Finger.
An sienen lessten End kam he in't Krankenhues. So enige vörgnögte Schwestern mossen sick wull üöwer denn Bienamen - Lamm Gottes - lustig makt hem'm. Äs nämlick so'nn Büöger in't Krankenhues kam, un sienen kaputten Finger nie vörpacken laoten wull, dao fraogg em de Schwester daobi:
„Herr K. wissen Sie wer gestorben ist?“
„Nein Schwester“, sagg de Mann, „das weiß ich nicht.“
„Dann will ich's Ihnen sagen“, sagg de Schwester, „das Lamm Gottes ist soeben gestorben.“

Acht Kinner

Baumkamps Buer har acht Kinner. Äs dat achte Kind gebuorn was, dao sagg he to siene Frau:
„Nu Agenes, nu mot't guet sien, acht Kinner sind genog, wenn wi de äs graut un guet ertrocken häbbt, dann häbb wi usse Vlicht daon.“
„Jau Franz“, sagg siene Agenes, „du häss recht, genog is dat wull, obber wu söllt wi dat maken, dat wi kinne Kinner mähr kriegt?“
„Ja“, sagg Franz, „dat wet ick nao nich, obber wenn't nich anners is, dann mot ick män up de Kammer slaopen.“
„Ja“, sagg Agenes dao, „wenn du män's Franz, dat dat guet is, dann treck ick met di nao de Kammer.“

Besöök ut de Stadt

Wiesküörters ut Schwierhusen kreegen summerdaggs äs Besöök ut de Stadt. Äs se all so nett an'n Kaffeedisk wassen, dao satten sick binn'n kuorte Tiet unheimlick viell Fleigen up'm Kooken. De Besöök wünnere sick üöwer de viellen Fleigen un fraogg:
„Sagen Sie mal, Frau Wieskötter, haben Sie hier immer so viele Fliegen im Hause?"
„Neee", sagg Wiesküörters Moder, „de sind de bloß, wenn wi iärt, süss sitt't de alltiet buten up'm Mäßhaup."

De slaggferrige Messter

So'nn däftigen Handwiärksmesster was auk irweriger Sänger in twee Vöreine. Natürlick gonk't nao de Singestunn'n miästens plaseerlick to. So kammt dann auk af un to vüör, dat de guete Messter aobends iärst laat wier in Hues was.
Äs he maol wier so licht beswippst giegen twee Uhr nao Hues kam, dao sagg siene Frau:
„Mein Guott, nu kümps du iäst wier, et is doch all twee Uhr, un ick heff nao kinn Aug' anneen hat."
„Ja denkst du ick?", sagg de Messter.

Manche Lüde willt gäin all's douhen, üm nicks douhen to mürten!

Ut Prinzip

Kokenlaums Bäind satt in de Isenbahn un wull nao Mönster. Bi emm satt nao so'nn ölleren Mann. De beiden unnerhollen sick up plattdütsk. Dao fraogg so'nne fiene Frau, de auk in dat Abteil satt:
„Sagen Sie mal, meine Herren, sprechen Sie plattdeutsch?"
„Jau", sagg Bäind, „wi küert platt."
„Immer?", fraogg de Frau.
„Ne", sagg Bäind, „nich ümmer, dat dao wi bloß, wenn wi us watt seggen willt."
„Aus Prinzip?", fraogg de Frau dann nao.
„Ne, ne", sagg Bäind, „nich ut Prinzip, wi sind ut Nordwoll."

Vörwüernte Kinner sind undankbuore Kinner!

Dat Gebitt

Rausenbaums Anna de har'n Gebitt kriegen, wao se gar nich so recht met ferrig wäiden konn. Dao gaff't äs bi Rausenbaums Surmoos, un dat lange Tüg vörhaspele sick so ganß üm iähr Gebitt. Se trock met de Finger an't Surmoos herüm, obber se kreegt nich tüssken de Tiärn wegg. Äs sick dat so gar nich ännern wull, dao kreeg Anna de Wut, se namm dat Gebitt met't Surmoos dran ut'n Mund, smeet't wiet wegg un sagg:
„So nu friät't alleen."

Wenn twee Wiewer bineenstaoht, dann wet de diärde inne Hiekel nuorm.

Dat Schulteniätten

Schulte Eekenstiät har ümmer gueten Appetit. De frisske Luft, so menne he, de regt denn Appetit so richtig an. Nu att he obber rieklick viell, denn he wuor ümmer dicker, un siene Anzüg wuorn em allbineen to klein.
Äs he dann henn un wier wöste Liewpien kreeg, de gar nich nao ächten aftrecken wull'n, dao gong de Schult nao'n Dokter henn. De Dokter unnersoch denn dicken Schult gründlick, he konn obber kiene Krankheit bi em finn'n. Dao fraogg he Schulte Eekenstiät, wat he dann so denn ganßen Dagg iätten deih.
„Ja Haer Dokter", sagg de Schult, „iätten dat doh ick egentlick ganß guet, Appetit heff ick auk wull, dao kannt nich dran liggen, un wat wi Dags so iät't, dat wick ju wull seggen.

Muons iäst dann iät wi'n Fettsoppen, daovon iät ick so'nn hennig Schüedelken vull, un dat Tüg dat höllt in't Gatt. Giegen niegen Uhr wett bi uss fröhstückt. Summerdags iät wi dann Braut met Schinken off Wuorst, daovon nirm ick dann so sess Sniehen. Winterdags ja dann iät ick boll jeden Dag so'nne Panne vull Wuorstebraut, dat sitt luck länger.

Dann üm twiälw Uhr gifft Meddagiätten. Dat mock seggen, Haer Dokter, wenn man'n ganßen Muorn up'm Kamp is, dann hätt man meddags würklich Smacht. Ick iät dann miästens iäst twee Teller Miälksupp un dann so'nn paar Teller Gemös met'n Stück düörwassenen Speck, un dann iät wi luck Stippmiälk ächterhiär.

Nao usse Meddagssläöpken drinkt mine Frau un ick so'nn Köppken gueten Kaffee, daobi iät't wi so'nn paar Stückskes Platenkooken. Giegen halwveer brängt miene Frau mi Kaffee un so'nn Päcksken Buoterramm nao'n Kamp.

Aobends üm halwsiewen gifft dann richtig Aobendiätten. Summerdags gifft wier Miälksupp un Gemös un ächterhiär guet Buoterramm, winterdags iät wi miästens Wuorstebraut met Schraoben un brotte Appels.

Ja, Haer Dokter, dann heff miene Frau dat anfangen, dat wi aobends vüört't Bärrgaohen nao Kaffee drinkt un daobi so'nn paar Kökskes iät't."

„Ja, Herr Schulte, ich höre es wohl", sagg de Dokter, „wenn Sie das alles essen, dann fehlt Ihnen weiter nichts als die zweite Öffnung."

Bennätzken

Schomakers Bennätzken de kam äs in't Hues un green un green. Dao fraogg siene Mama em:
„Bennätzken, wat hess du dann to grie'n, kuem äs bi mi, we heff di dann wat daohen?"
„Usse Papa de heff sick met'n grauten Hamer up'm Dumm'm hauen", sagg de Jung.
„Ach Bennätzken", sagg Mama, „dao bruks du doch nich üm de grien'n, wenn Papa sick up'm Dumm'm hauen heff."
„Ja Mama", sagg Bennätzken, „ich heff jä auk lacht."

An'n jungen Baum dao häört'n Stock, süss wess he scheew!

De Bicht

In Gimbte dao gonk de aolle Weitkamps Buer Saoterdags aobends to't Bichten in de Kiärk. He waß de lesste, de an denn Aobend nao bichten wull. Dann bichte he bi de aolle Pastor, dat he de Ehe dreimaol bruoken har.
De Pastor kanne denn Weitkamps Buer, de all tweeunachtzig Jaohr was, guet un dacht bi sick, dat dat doch gar nich sien konn. Obber dann ducht em auk, dat de aolle Mann gar nich mähr so recht wuß, wat he sagg.
Äs Weitkamp dann ut'n Bichtstohl gonk un sick in'ne Bank sette, üm nao lück to biärn, dao gonk auk wanners de Pastor ut'n Bichtstaohl. He sette sick so iäm bi Weitkamp un sagg em:
„Weitkamp, dat kann doch gar nich sien, dat ih in juhe Aoller nao früemd gaoht."

„Ne, ne, Häer Pastor", sagg Weitkamp, „dat is all vüör füfftig Jaohr wesst, obber dao lött sick ümmer nao so schön üöwer küern."

De ganße Wiält is vuller Pien, un jeder föhlt de sien'.

De Geometers

Äs de Isenbahn vön Mönster nao Gronau baut wäern soll, dao kam'm iäst de Geometers ut Mönster, üm denn Grundstriepen füör denn Isenbahnstrang uttomiäten. Daomols wassen de Buern längst nich all daomet invörstaohen, dat de Bahn mitten düör iähren Kamp gaohen soll. In Nieenbiärg dao har Brockhues Buer sick met alle Macht giegen denn Bahnstrang up sienen Grund wiährt.
Eenes gueten Daggs saog he twee Geometerts up siene Wiesk laupen, de denn Schienenwegg füör de Bahn fastleggen sollen. Dao kam Brockhues Franz obber in de Beene. He leip faots nao de Häern's henn un wull se ut siene Wiesk jagen.
Daomet harren de Geometers obber riäkt, un deswiägen weesen se em met Vörgnögen iöhren Utwies, wao drinn stonn, dat se dat Landstück füör de Bahn utmiäten sollen. Dao wass Brockhues machtlöss un gonk wier nao Hues.
Ät duere obber höchstens teihn Minuten, dao leih he sienen grauten Bullen ut'n Stall un dann in de Wiesk laupen. Äs de Geometers dat graute Dier herankuem'm saogen, dao leihen se alls liggen un staohen, kam'm nao Brockhues un saggen em, dat se so nich wiedermaken konn'n.

„Ach so“, sagg Brockhues so ganß geelaoten, „wiest em doch juhen Schien“!

Willmken in de Kiärk

De Duorp-Originale dat wassen fröher Lüde, de liärwten aohne faste Arbeid von eenen Dagg in'n annern. Füör kleine Geliärgenheitsarbeiden kreegen se't Iätten un Drinken bineen, daoto nao enige Snäpskes un mähr wullen de gar nich hem'm. Do düsse Sort' höere auk Schnieders Willmken. He wass luck klein bliewen, un dann har he't in sienen Kopp auk nich so ganß richtig. An sick was he ruhig un gelaoten, wenn't obber nich nao siene Meinung gong, dann konn dat Kärlken mächtig Radau maken.
Dao priäge äs de aolle Pastor Pieper up'm Marienfest üöwer de Moder Goutts. He deih se guet harutstellen un luowen äs de wunnerbare Frau, äs de leiwenswäite Moder, äs de ümmertrüe Hölp un so wieder.
Dao stonn Schnieders Willmken, de sien'n Platz in de Naichte von'n Priägstohl har, up, deih beide Arms hauch un reip met laute Stemm:
„Süh an, dao häbb wiet't all wier, ümmer hölt he met de Fraulüde to, ümmer de Frauen, dao heff he dat met, nu is he all wier 'ne ganße Tiet an't puchen un praohlen, man kann't nich mähr anhöern, üöwer us Mannslüde dao weet he nich viell guet's to seggen, wenn dat so wiedergeiht, dann gaoh ick sunndags nich mähr in de Kiärk.“
De Pastor un de Lüde kann'n Willmken guet, se leihen em küern, gneesten wull son'nn biertken un dann wour Willmken von sölwst wier ruhig.

Äs he düttmaol obber an't Randaleen bleew, dao stonn'n twee Büöger up, kreegen sick dat Willmken bi'n Wickel un wull'n ut de Kiärk douhen. Dat scheen guet to gaohen, Willmken gonk büs an de Kiärkendüör met un dann sagg he:
„Ne, ne, so geiht dat hier nich, wenn wi inne Wirtschaft wassen, ja dann konn'n ih mi rutschmieten, obber hier sind wi inne Kiärk, dao geiht dat nich, dao häbb ick jüst so viell to seggen äs ih auk".

Du Idiot

Meiers Hubert de har sienen Naober beleidigt. Bi 'ne kleine Tächerie har he to Bernings August seggt „Du Idiot". Dat leih sick Bernings August natürlick nich gefallen. He gonk nao'n Schiedsmann, dao soll Hubert de Beleidigung wier trügg nierm. De Schiedsmann satt'n Termin an un lade Hubert un August in. Hubert kam obber nich. Dao gonk August met de Saak an't Gericht.
Et dure so'nn Tietken, dao stonn'n Hubert un August vüör'n Richter. De Richter, de wull de beiden Strieter utsüöhnen un sagg to August:
„Herr Berning ich glaube, der Herr Meier hat die Beleidigung wohl ohne jegliche Überlegung ausgesprochen."
„Ne Herr Richter, dat is anners", sagg Bernings August, „Meier heff mi iäst ne ganße Tiet lang sturwegg in't Gesicht kieken un dann iäst sagg he to mi du Idiot, also ganß sicher wull guet üöwerleggt."

De Moo (Mode), de drägg de Rüer unnern Stiärt!

Bi de Jesuiten

In Lichtenbiärg was 'ne graute Mission wesst. De Jesuiten harren de ganße Gemeinde äs wier luck up denn richtigen Wegg bracht. Nao de Mission hollen de Paoters 'ne Kollekte in't ganße Kiärspel un in't Duorp. De Wiärg, de se gaohen mossen, wassen guet utmakt un alle Lüde wussen, wann de Paoters kam'm.

De Pastor har auk all met de Buern affmaakt, wao de Paoters meddags iätten konnen. Gunstags sollen se bi Witterings sien. Witterings Moder har all seggt, dat de Paoters män kuem'm sollen, se wull de Häerns äs guet updissken. Dann sagg se to iähren Mann:

„Du Papa, du moß muorn drei von de gröttsten Hähnkes schlachten, twee füör de Paoters un een füör di, denn du moß jä met de Häerns up'm besten Stuorm iätten."

De Buer was dao guet met innvörstaohen. Äs de Paoters dann gunstags üm twiälw Uhr kam'm, dao stonn up'm besten Stuorm all's ferrig. De guete Supp was jüst harunnter, un Witterings Moder har de drei Hähnkes all up'm Disk stellt, dao kam Naobers Bennätzken heran de biärssen, un wull Witterings Vader halen, weil sien Papa jüst von'n Balken fallen was.

Dao moß Wittering jä faots metgaohen, denn he vörstonn sick met sienen Naober heel best. De beiden Paoters atten munter wieder, denn ät smook iähr würklick guet. Un se atten auk denn Hahn met, de de Buer iätten soll. Witterings Moder saog dat wull un dacht bi sick, nun moss du füör Papa gau watt anneres maken, süss is he dull. Se mook gau 'nen Glass löss un föür Papa 'n schön Braodenstück ferrig.

Äs Wittering wier in't Hues kam, dao vörtellde Mama em de Saak un sagg:

„Nu sett di män in'n Stuorm bi de Paoters un segg nicks von denn Hahn, ick bräng di faots denn Braoden, de smeck nett so guet."
Wittering poss dat nich so recht, obber seggen deih he nicks. Äs de Iätterie vüörbi wass, dao fraogg Wittering de Paoters, off se sick sienen Hoff äs ankieken wull'n.
„O ja gerne", saggen se. Se bekeeken dann iäst dat Veeh. Äs se dann üöwern Hoff gongen, dao leip dao tüssken so'nn Tropp Hohner 'n wunnerschönen Italjäner-Hahn, de sich mächtig upspielte un wissewegg kreihte.
„Herr Wittering", sagg de eene Paoter, „Sie haben aber einen stolzen Hahn."
„Ja", sagg Wittering, „de Hahn heff allen Grund stolt to sien, denn drei von siene Jungs de sind bi de Jesuiten."

Tante Klara

Klara, so'ne aolle Tante was nao Saltbiärgen trocken. Se was auk up iähre aollen Daage nao so'nn ganß geck Wiewken. Bi iähr leipen de aollen Öhms nao so in un ut. De Jungs up de Straot de han'n iähr Spässken daoran.
Stempings Moder, de dicht bi de aolle Tante Klara wuehne, un up düsse Wies' en ganß streng Fraumensk was, pöß dat gar nich, wat de Klara so dreew. Se leih de aolle Klara äs to sick kuem'm un höll iähr 'ne däftige Gardinenpriäg.
„Dat päß sick doch nich füör so'nn aolt Mensk, nao to friehen", sagg se.
„Et is ganß sicher waohr, Frau Stemping", sagg Klara, „ick heff sicher nicks daon."
„De Jungs up de Straot de häbbt doch seihn", sagg Stempings Moder.
„O Guott, o Guott", sagg Klara dao, „dann häbbt de sicher üöwer de Gardinen kieken."

Twee Buern an't Gericht

Usse plattdütske Spraok de hett jä richtig niederdütske Spraok. Büs to de Tiet von Martin Luther was se de Amtsspraok in't ganße norddütske Land.
To düsse Tiet dao har de Buer Flasskamp sie'n Naober Niehues gründlick beledigt. In'n klei'n Striet dao har he seggt: „Niehues, du kann's mi äs inne Mäise lecken."
Niehues leih sick sowat natürlick nich gefallen. Weil't daomaols nao kinne Schiedsmänner gaff, gonk Niehues faots an't Gericht un zeige Flasskamp wiägen groffe Beledigung an. Et

duere auk nich lang, dao sto'nn de beiden Naobers Flasskamp un Niehues vüör'n Richter. Se keeken sick so lück spee an, obber hier vüör'n Richter dao wassen se ganß gelaoten.
De Richter fraogg dann Buer Niehues:
„Nu seggt se äs Niehues, watt heff Flasskamp dann egentlick seggt?" Niehues sagg dann ganß ruhig:
„Flasskamp de heff mi seggt, Niehues, du kann's mi inne Mäise lecken."
„So", sagg de Richter, „dat heff he seggt." Dann keek he iäst beide Buern so'nn Tietken an, dann keek he Niehues ganß bedenklick an un sagg:
„Niehues, sall ick ju äs wat seggen, ick deih dat nich."
„Ne", sagg Niehues, „dat dook auk nich, dat föllt mi doch gar nich in, dat ick mi'n Naober inne Mäise leck."
„Dat is recht so Niehues", sagg de Richter, „wenn ih dat enfack gar nich doot, wat Flasskamp will, dann häbb ih jä wunn'n."
„Dat mein ick doch auk", sagg Niehues. Daomet was de Saak afsluoten.

Kinne Kladden an't Gatt

Bennätzken har inne School guede Noten kriegen. Daofüör gaff em de Lährin 'nen Flietkärtken. Füör teihn Flietkärtkes kreegen de Kinner in de School 'nen schön Bäldken.
Bennätzken har teihn Kärtkes bineen un kreeg somet auk so'nn schön Bäldken. He bracht met nao Hues un weest vuller Frei' siene Moder.
„O", sagg de Moder, „dat is jä de hillige Famillig, düt hier Bennätzken, dat is de hillge Josepp, un düt dao dat is de leiwe Moderguots, ja un düt is dat Jesuskindken."

Bennätzken keek sick dat Bäldken äs so ganß naodenklich an un dann sagg he:
„Nu kiek äs an Mama, dao kaast wier seihn, dat Jesuskindken heff kinne Kladden an't Gatt, obber Geld to't Fotograffeen dat häbbt se.“

De Saakdriägers

In't Armenhues dao was äs so'nn aollen Mann stuom, de gar kinne Angehörigen mähr har. De Mann wass auk in't Duorp ganß unbekannt blierwen. Met siene Beerdigung gongen bloß so'nn paar aolle Lüde met, de in de Naichte von't Armenhues wuehnten. Füör de Beerdigung met allen drüm un dran har de Gemein sourgt. Se har auk de Saakdriäger bestellt, drei Schomakers un denn Schreiner Josepp, de denn Saak makt har. De Saak moß druogen wäern von de Kiärk üöwer de Lange Straot nao'n Lappenbrink. De aolle Pastor Müller met sienen Köster gongen vüörrut, dann kam'm de Driägers met de Liek un dann so drei off veer öllere Lüde.
Äs se dann up de Lange Straot wassen, un de Pastor siene Gebätte up Latinsk sung, dao leihen de Saakdriägers de Liek so ganß stikum, jüst vüör de Wirtschaft Kleemeier, mitten up de Straot staohen un gongen iäst äs'n Snäpsken drinken.
De Pastor har dat gar nich metkriegen, he sung bedächtig siene Leeder, ganß alleen, un har jä auk met so'nn Spierl nich riäkt. Iäst un'n up de Lange Straot, wao't dao luck üm'm Dreih geiht, dao miäke he, dat he met de Köster alleen wass.
„Nu wett't doch guet“, sagg he to sienen Köster.
He bruke obber nich lang to wochten, dao kam'm de Handwiärksmesters, alle veer herrliche Häerns, met denn Saak nao. Sowat was daomaols nao mürglick.

Dat Kalwen

Winkelhues Franz siene Koh wull kalwen. De Buer har all de halwe Nacht up't Kalw wocht, dat Kälwken kam un kam obber nich. Dao gong he äs nao sienen Naober Stenkamps Hubert, de soll äs kuem, sick dat Wiärk ankieken un em 'nen gueten Raot giewen. Hubert gong natürlick sofort met, üm sienen Naober ut de Naut to helpen.
„Nu kiek di't an Hubert", sagg Franz, „ick häbb all stundenlang ächter de Koh liägen, obber dat Kalw kümp un kümp nich."
„Ja Franz", sagg Hubert, „dao moss du di auk nich ächter leggen, denn dann mennt de Koh nämlick, dat dat Kalw all daor is."

Et mag sien, dat ick ut de aolle Tiet bin, ick mot obber doch de Priese van von Dage betahlen, sagg Opa.

So'nne Höhner häbb wi nich

Düsings Alfons föhere met sien Auto von Buorghuorst nao Laor. Unnerweggs leip em so'nn Tröppken Höhner vüörn Wagen. En daovon kam unnert Rad un was kaputt. Och dacht Alfons, dat Hohn dat bräng män faots in't Hues, dann könnt de Lüe nao wat drut maken. Äs he in't Buernhues kam, un he de Frau säggt har, wat passeert was, dao sagg se:
„Nee, dat is usse Hohn nich."

„Dat mot't obber wull sien", sagg Alfons, „denn et kam von juhen Hoff laupen un hier is jä auk wiet un siet kin anne Hues." Dann keek sick de Frau dat Hohn nao maol an, trock daobi de eene Flittk luck haug' un sagg:
„Ne, so'nne platten Höhner de häbb wi nich."

De Uhl mennt auk, dat se de schönsten Kinner heff.

De Unnerrock

Et was kuort nao'n twetten Wiältkrieg, äs all's nao so knapp was. Dao gonk Biänd aobends nao laat üöwern Kiärkhoff, üm so'nn paar Griäwe von siene fröheren Sangesfrönde to besööken.
Dao saog he 'ne Frau, de in alle Still de Schleipen von de Kränz sneet un in iähre Tassk stoppede. Dat is jä doch 'n stark Stück, dacht Bäind bi sick, dao geih's äs henn. Un dann sagg he to de Frau, dat se dat egentlick nich daohen droff.
„Aoch", sagg de Frau, „de Schleipen de gaoht hier jä doch boll kaputt."
Bäind de was auk so'nn biertken niesgierig, un so frogg he de Frau, wat se dann met de Schleipen maken wull.
„O", sagg de Frau, „dao naih' ick mi wunnerschöne Unnerröck druut; wenn man de Striepen schön anneen sett't, dann giff dat ganß schöne Röck."
Äs Bäind dat nich so recht gleiwen wull, dao deih de Frau iähr Kleed hauchtrecken, un süh' an, se har'n schönen bunten Unnerrock ut Kranzschleipen an. Bäind de konn liäsen: „Auf Wiederseh'n", un „Ruhe sanft", un an't Ächterpannt von'n Rock dao stonn „Als letzten Gruß Der Bläserchor".

De beiden Rentners

Bäind un Willm, twee Rentners von guet siemzig Jaohr, de satten sommerdags in'n Stadtpark up de Bank, sunnten sick un vörtellten sick wat ut aollen Tieten. Dao kam so'nn ganß fein Wichtken up iähr to, un dat in'n Minnirock. De beiden Rentners saggen nix mähr. Iähre Aigeskes de keeken ganß piel up dat schöne Wichtken. Est an iähr vüörbi was, dao keeken se't auk nao so'n biertken nao, un dann sagg Bäind to Willm: „Du Willm, moch's nao wull maol twintig sien?"
„Büs du vörrückt Bäind", sagg Willm, „denkst du, ick wull nao eenmaol füfftig Jaohr up mine Rente wochten."

Biäter 'nen kleinen Krieggel äs 'nen grauten Fliegel.

De Siedler

Scheipers Franz, de was vüör vielle Jaohren ut't Mönsterland in'n Kreis Hümmling trocken, üm sick dao antosiedeln. Äs he dat Land so enigermaoten ferrig har, un äs auk de Gebaide stonn'n dao besoch em äs de Pastor u't Duorp un bewünnere sien Wiärk.
„Das hat der Herrgott doch alles schön gemacht und wunderbar wachsen lassen", sagg de Pastor. Dat wierholl de Pastor bi jede Geliärgenheit, alles har de Haerguott so schön makt. Dat lut so, äs wenn Scheipers Franz recht gar nicks makt har. Natürlick wuor dat denn Franz doch toviell, un dao sagg he to'n Pastor:
„Ja, Herr Pastor, dat is jä alles schön un guet met denn Haerguott, Se han'n dat Land obber maol bekieken moßt, äs de Haerguott et nao alleen bewirtschaften deih."

Vüör'n düstern Muorn un'n aolt Wiew, dao bruk man sick nich bang' to maken.

Franz moß Koppstaohen

Meiners Franz ut Dreierwoll was met siene Frau up Visiete in Nienkiärken. Dao gonkt bi guet Iätten un Drinken recht vörgnöglick to. Äs se aobends wier nao Hues wull'n, dao har Franz all rieklick viell drunken, so dat he sien Auto egentlick nich mähr föhern droff. He deiht obber doch un kam auk ganß guet ut Nienkiärken harut un auk düör Rheine.

An'n Utgang von Rhein dao mennt he, dat he bi Hölsker nao iäm een drinken moß. Siene Frau was gar nich daofüör, se wull gäin wiederföhern, dat se nao Hues kam'm.
Franz stüere sienen Wagen obber an de Siet un dann gonkt in de Wirtschaft. Dao kam'm se inne muntere Gesellschaft un Franz, de 'ne enmaol smakt har, drunk hellske met.
Siene Frau har Suorgen, weil he sien Auto nu nich mähr stüern konn. Se flehe Franz an, dat Auto doch staohen to laoten un met de Tax nao Hues to föhern. Daovon wull Franz obber gar nicks wietten. Schließlick wast all nachts een Uhr wuorn. Dao kam auk all'n Pollzist harin un baot Fieraobend. In iähre Naut klage Meiners Moder denn Pollzisten iähr Leed un sagg em, he soll iähren Mann doch klaor maken, dat he nich mähr föhern konn. De Pollzist wull dat auk wull dohen, obber Franz leih sick nich daovon üöwertügen, dat he nich mähr föhern konn.
„Gut", sagg de Pollzist, „wenn Sie hier in der Wirtschaft Kopfstand machen und auf den Händen laufen können, dann können Sie auch noch Ihr Auto fahren."
„Ja", sagg Franz, „dat kann ick wull."
He deih't un et klappe ganß famos.
„Na sehen Sie liebe Frau, Ihr Mann ist nicht betrunken, er kann noch sehr wohl sein Auto fahren", sagg de Pollzist.
Dann gonk Franz met siene Frau nao buten, üm nao Hues to föhern. Vüör de Düör sagg siene Frau:
„Kärl Franz, dat häbb ick jä gar nich wietten, dat du auk up de Hann'n laupen kann's."
„Ja Mama", sagg he dao, „dat kann ick auk bloß, wenn ick besuorpen bin."

Dat har nao slimmer konnt

Bennatz troff Hiärm und sagg:
„Kärl Hiärm, denk di dat an, Laubrocks Franz de heff doch gistern Aobend denn Straukamps August dautslaon."
„Wat segg's du", sagg Hiärm, „wu is dat dann mürglick?"
„Ja", sagg Bennatz, „de Laubrocks Franz de heff jä so'nne nette, lustige Frau, de Anni, dat is jä so'nn richtig nett Frettken, un daomet heff he gistern denn Straukamps August packt. He leih August gar nich wier ut de Finger un heff in siene Upregung so lang up August slaon, büs he daut was."
„O je", sagg Hiärm, dat is jä schrecklick, obber dar har nao leiger kuem'm konnt."
„Wu so", sagg Bennatz, „leiger äs dautslaon dat geiht doch wull nich."
„Ja-a-a", sagg Hiärm, „vüörgistern was ick aobends met Laubrock siene Anni auk luck löss, wenn he mit daobi packt un mi dann dautslaon har, dat was nao viell slimmer wesst."

Kräho in Santo

Vüör twintig Jaohr dao föhre Giästkamps Buer ut Iälte met'n Kutskwagen nao Rheine. Unnerweggs stonn'n Mann an de Straot, de em fraogg, off he met em föhern konn.
„Ja, dat geiht wull", sagg Giästkamp, he holl an un leih denn Mann instiegen.
„Wao kümps dann hiär", fraogg Giästkamp sienen Biefahrer.
„Ick kuem nu ut Italien, ick bin längere Tiet in Italien wesst", sagg de Mann.
„Kick äs an, in Italien büs wesst, dat is jä wiet wegg, dann kann's auk sicher italiänisk küern."

„Ja, dat kann ick wull“, was de Antwort.
„Guet“, sagg Giästkamp, „dao ächten dao staoht twee Siegen i’n Klaower, dann segg mi äs, wu dat up italienisk hätt.“
„Ja“, sagg de Mann, „datt hett Hippo in Kleo.“
O, dacht Giästkamp, de Mann de will mi füör dumm vüörsliетten. Se föhern nao so’nn Endken wieder, dao kam’m se an’n Diek vüörbi met Anten drup, de wisseweg denn Kopp in’t Water stoppt’n, so äs wenn se duuken wull’n.
„Nu kiek äs daor“, sagg Giästkamp, „de Anten wat de dao makt, wat segg man dann dao to up italiänisk?“
„Ganß enfack, Ento in Duko“, sagg de Mann.
Se föhern wieder, obber Giästkamp de dacht all bi sick, hack denn vörrückten Upspieler män gar nich metnuom, de meck mi jä nao ganß düörneen. Nu saog Giästkamps Buer up de linke Siet von’n Wegg iätlicke Kraihen up’m Sandbüel sitten. Dao sagg he to denn Mann:
„Süüs du de Kraihen dao up’m Sandbüel sitten, wat seggt de Italiener, wenn se sowat seiht?“
„Ja dann seggt de Kräho in Santo“, sagg de Mann.
Nu wasst met Giästkamps Buer siene Geduld vüörbi. He föhere luck an de Siet un sagg to sien Piärd „Hüüü Mira“. Dann stonn he up un sagg to denn Mann:
„Du höll’s mi wull füör’n dumm’m Buer, pass äs up, ick kann auk italiänsk“, un dann sagg he wieder:
„Ruto un leck mo an’t Gatto.“

De Wind de weiht wull graute Sneehaupen, obber kinne dicke Äisbatzen.

Vader help't bi de Schoolarbeiden

Hirgenkamps Bennätzken de mogg üöwerhaupt kinne Schoolarbeiden maken. Em foll dat Läihen auk würklick swaor. Dat wuss Hirgenkamps Vader wull, deswiägen holp he jeden Dag sien Bennätzken bi de Schoolarbeiden, daomet't auk richtig wuor.
Enes Dags fraogg de Vader sienen Suohn:
„Segg äs Bennätzken, heff dienen Lährer wull 'ne Ahnung, dat ick di jeden Dag bi de Schoolarbeiden help?"
„Ick gleiw't wull", sagg Bennätzken so ganß trühiärtig, „denn gistern, äs he miene Schoolarbeiden naokeek, dao sagg he nao: „Et was fast unmürglick, dat een alleen so vielle Feihler maken konn."

Raußen Felix

Raußen harren so'ne kleine Küörterie, se lagg wiet af von't Duorp. Raußen Papa was so'nn flietigen, ruhigen Mann un alltiet siälenvörgnögt. He har 'ne düftige Frau, de alls in Huese so guet regele. Viell seggen, dat bruk he nich, Raußen Mama was sirmlick selbständig, un se har dat Heft auk wull fast in de Hand.
De Kinner holpen sick alle guet, se wassen flietig un spuorsam. Bloß denn Felix, de slaogg so'nn birtken ut de Art. He gonk boll jeden Aobend in't Duorp un deih luck schassken, un dann kam he laat, oft iäst mitten in de Nacht nao Hues.
Siene Moder har em't wickt un em all seggt, dat he üm teihn Uhr wier in Huese sien moß. Felix sagg dann ümmer: „Jau, jau Mama", obber ännern deih he sick recht nich. Enes gueten Dags sagg Raußen Mama to em:

„So Jüngsken, von von Dage af is usse Hues aobends üm teihn Uhr to, wenn du dann nich drinn büs, dann moß du män buten slaopen."
Felix, de was de iästen Dage aobends pünktlick in Huese, dann obber kam he nachts äs vüör de tohe Huesdüör. He har obber nao Glück, denn de kleine Düör an'n Kohstall was lössbliewen, so dat he dütmaol nao in't Hues kam. Äs düsse kleine Düör dann aobends auk tomakt wuor, dao sagg Raußen Moder to Felix:
„So Kärlken, ick krieg di doch."
Felix kam enige Dage laater nao äs wier düör dat Fenster üöwern Swienestall inn't Hues. Äs Raußen Moder auk dat Lock tomakt har, dao stonn Felix enes Nachts vüör sien Ellernhues un konn nich drinn. He stelle sich dann bi Mama ächtert Fenster, kloppe dao vüörsichtig an un sagg:
„Mama mak mi doch de Huesdüör löss." Mama de reip bloß:
„Nix, nix, nix, du aolle Suplapp."
Felix vörsocht nao enmaol, obber siene Mama mook nich löss. Nu üöwerlegge Felix so'nn Tietken, wat he maken konn, un dao foll't em in. Ächter Mama's Fenster dao lagg de Pütt. Dann reip Felix:
„Mama, wenn mi nu nich in't Hues löss, dann sprink in'n Pütt." Mama bleef hatt, se reip ganß gelaoten:
„Spring män drinn, du aolle Supswien."
Se dacht obber doch bi sick, dat besuopene Kärls dat wull riskeeren konn'n. Felix de was obber gar nich so dick. He holl sick von'n Hoff so'nn ganß dicken Steen un legge denn up'm Rand von'n Pütt. Dann sagg he ganß bedächtig to siene Mama:
„So Mama, wenn du mi nu nich in't Hues löss, dann sprink ganß sicher in'n Pütt".
„Ick heff di't jä seggt, sprink doch to", reip de Moder.
Dao namm Felix denn dicken Steen un smeet'n met alle Gewollt in'n Pütt, dat dat Water hauch slogg un brusede. Dann

stelle he sick gau an de Huesdüör un wochte af, wat nu kam. Un süh an, Raußen Moder kam in't Nachthiemd ut'n Huese scheiten un leip an'n Pütt. Se jannke ümmer män to:
„Felix, Felix, wu konn's du dat daohen."
Äs se so'nn paarmaol üm denn Pütt danßt un in gröttste Naut was, dao stelle sick Felix mitten in de Huesdüör un sagg ganß ruhig:
„Mama, kuem män in Huese, de Gefaohr de is nu vüörbi."

Franz soll hieraoten

De Buer Dropmann was de Meinung, dat sien Suohn Franz aolt genog was, üm endlick to hieraoten. He gonk deswiägen eenes Dags met sienen Franz nao'n grauten Buer, de he guet kenne un de auk mährere graute Döchter har. He unnerholl sick met de Buer iäst äs üöwert Wiäre, dann üöwert Veeh un slieslick sagg Dropmann dann:
„Ja Hubert, ick will di't seggen, waorüm wi hier sind. Usse Franz, de is so aolt, dat't Tiet wett, dat he 'ne Frau krigg."
„Dat mein ick auk wull", sagg de Buer.
„Nu mennt usse Franz", sagg Dropmann, „dat he wull eene von juhe Döchter hemm'm wull."
„Dat geiht jä wull", sagg de Buer, „usse Döchter sind jä aolt genog, dao kann he wull eene von kriegen, un se wäit auk alle guet ferrig. Nu is dat so, de eene Dochter, de Anna, de krigg 10 000 Mark met, de annere, de Liesbett, de sall 14 000 Mark hemm'm, un dann häbbt wi nao de Berta, ja de heff so'nn kleinen Buckel, dao mennt usse Mama, dat wi de wull 20 000 Mark metgierwen müet't."
„So, so", sagg Buer Dropmann, „häbb ih dann nich nao 'ne Dochter, de'n etwas grötteren Buckel heff."

In Sachen Ihres Onkels

Janns Bauhnenkamp gonk nao't Gericht. Unnerweggs fraogg sien Naober em, wao he henn wull. Janns sagg:
„Naot Gericht."
„Obber doch nich in den aollen Anzug, Janns, de is di jä viell to klein, daomet kann's du di up't Gericht nich seihn laoten, dao föll's met up", sagg de Naober.
„Ne, Ne", sagg Janns, „dat is wull richtig so, dat Gericht heff mi utdrücklick schriewen, Sie haben in Sachen Ihres verstorbenen Onkels zu erscheinen, daorüm heff ick düssen kleinen Anzug antrecken moßt."

Dat Gewietten is 'ne leise Stimm in us, dao, wao de Wierhall so slecht is!

De witte Weste

De Schohmaker Beckmann moss met siene Frau up de Hochtiet. Dags vüörhiär sagg Beckmanns Moder to em:
„Du Bennatz, muorn trecks du jä dienen swatten Anzug met de witte Weste an. Dann moss du obber ganß vüörsichtig sien, dat du di nich besläpps, dat wüör mi jä vüör de Verwandten, de dao hennkuemt, viell to dumm."
Bennatz gaff gar kinne Antwort. An'n naichsten Dagg satt Bennatz in'n swatten Anzug bi siene Anna an'n Hochtietsdissk. Äs de Supp updriägen wuor, sagg Beckmanns Moder to Bennatz:

„Nu paß up, dat di nicks von de fette Supp up de witte West kümp, dat giff Fettplacken."
Dat was Bennatz viell to dumm, he sagg nao nicks, obber he knurre doch so'nn birtken vüör sick henn. Dann kam'm de wiederen Iätten up'm Dissk, un jedesmaol, wenn Bennatz wat up sienen Teller deih, sagg siene Anna:
„Bennatz pass up, dat di nicks up diene witte West kümp."
Bennatz konn dat boll nich mähr anhöern, he wuor all ganß weherig, auk all deswiägen, weil de Vörwandten, de bi em an'n Dissk satten, all daoüöwer grinsten. Dann kam de Naodissk, so'nn wunnerschön'n Schokeladenpudding.
„Nu pass up diene witte West Bennatz, dat Tüg giff Placken, Kärl pass up", sagg siene Frau.
Dao was Bennatz siene Geduld an'n End. He stonn up, snappe sick met beiden Hänn'n sienen Teller met Pudding, trockene met Wucht giegen siene witte West, drücke denn Teller dann wier trügge nao'n Dissk, dann wier an siene witte West, drücke denn Teller dann wier trügge nao'n Dissk, dann wier an siene witte West un so ümmer henn un hiär, büs de West vull von Pudding satt, un daobi reip he dann lauthals:
„Vördammt nao - maol - ick - kann - doch - met - mie - ne - wit - te - We - ste ma - ken - watt - ick - will."

Dat Schmuggeln

Twee Buern an de Holländsken Grenz de wullen auk äs schmuggeln. Se han'n denn Wägg üöwer de Grenz schön utdiffelt. Dann han'n se so'n graut Rindsfell torechtneiht, un dao kreipen se beiden drunner. Franz gonk vüör un Hiärm ächten unner dat Fell, so dat dat Ganße äs'n Kohdier utsaog. Se

gongen üöwer ’ne graute Wiesk up de Grenz to. Dat klappe ganß vörmoos.
Up eenmaol dao kam Hiärm ümmer naiger an Franz heran.
„He Hiärm“, sagg Franz, „so geiht dat nich, du moß trügge bliewen, süss seih wi nich mähr ut äs’n Kohdier.“
„Ja Franz“, sagg Hiärm, „du häss guet küern, ächter mi dao kümp’m grauten Bullen ranspringen, de will us sicher äs luck beruuken.“

De Klökste giff nao, sagg de Oss’, dao tröck he denn Ploog!

Stenings Franz

Stenings Franz har'n nie Fahrrad kriegen. Dat har he nao men guet un wall, dao was he't all wier quiet. He gong nao't Amt un fraogg, off dao sien Fahrrad affgiewen was. Up't Amt was obber von sien Rad nicks bekannt.

Dann gonk he nao'n Pastor, de soll sunndags up'm Priägstohl seggen, dat Fahrradstiählen ne swaore Sünn was un dat de gestuohlenen Saaken wier affgiewen wäiden mossen. De Pastor de sagg em:

„Lieber Franz, Fahrraddiebstähle die kann ich von der Kanzel nicht bekanntgeben, das geht leider nicht, aber hör mal Franz, da fällt mir ein, ich wollte in einer meiner nächsten Predigten auf die zehn Gebote Gottes eingehen und das könnte ich am nächsten Sonntag tun. Dabei werde ich beim siebten Gebot ganz besonders die Fahrraddiebstähle behandeln, vielleicht hat das dann Wirkung."

„Ja dat was doch all wat, Herr Pastor", sagg Franz.

De Pastor riäke sunndags in siene Priäg mächtig met de Fahrraddeiw aff. Äs he dann enige Dage later düört Duorp gonk, dao saog he Franz up't Fahrrad sitten. He winke em to sick un fraogg em:

„Sag' mal Franz, hast du dein Fahrrad wieder?"

„Ja", sagg Franz, „dat häbb'k guet wier."

„Sieh mal da", sagg de Pastor, „dann hat meine Predigt offenbar doch gewirkt."

„Ja Herr Pastor, so indirekt wull", sagg Franz, „äs Se nämlick in de Priäg bi't niegte Gebott wassen un saggen, du sollst nicht begehren deines nächsten Weib, dao foll mi in, wao ick mien Fahrrad nachts staohen laoten har."

De ösige Miälk

Fröher han'n de Buern nao kinne Maschinen. Se mossen de Arbeiden gröttstendeels all met de Hand maken. Daorüm brukten se daomols mähe Lüde, Knechte un Miägde. De wassen obber knapp.
Reimanns Buer de har auk maol so'nne junge Magd instellt, de was jä nich so ganß klaor in'n Kopp, daofüör was se obber billiger. Se mok alle Arbeiden ganß guet, man moßt iähr bloß iäst richtig wiesen, wu se makt wäern mossen. Se konn auk guet melken.
Äs se maol in'n Stall de Küh melkede, kam de Buer heran un saog jüst, wu de Magd de Miälk, de se jüst molken har, de Koh to't Supen vüörstelle.
„He Anna", sagg de Buer, „wat mäck's du denn daor?"
„Ach", sagg Anna, „de aolle Koh dè heff mi met iähren ösigen Stiärt in de Miälk hauhen, nu will ick se doch män nao eenmaol wier de düörlaupen laoten."

Nich de Arbeid, alleen de Gedanke daoran mäck de Fuulen all möde!

Bauhnenkamps Franz

Bauhnenkamps Franz, so'nn hännig Küöterken, lagg in't Stiärm. He har sick all daomet affunn'n, un he wull auk gäin stiär'm, denn he satt vull Pien, un he har auk kin guet Liär'm ächte sick. Siene Frau hat't ümmer alleen to seggen hem'm

wullt un was daobi alltiet recht wies west. Franz de moß bloß arbeiden, doun wat se sagg un spuorsam sien.
In de lesste Nacht satt siene Frau bi em an't Stiärwebärr un wochte up sienen Daut. De Daut leih obber nao up sick wochten. In de Muorgentiet scheen't sowiet to sien. Dao sticke siene Frau de Stiärwekäis an. Nao so'nne Wiele dao böllke 'ne Koh, dann de twätte und de diäre, et was so wiet, de Dier's wullen molken wäern. Dao sagg de Bauhnenkampske dao iähren Mann:
„Du Franz, ick mot jetzt iäst melken, wenn du ähe stiär'm solls, äs ick trügge bin, dann vörgiät doch nich, vüörhiär de Käis uttopusen."

Dankbarket un Weiten gedeiht bloß up gueten Buoden!

Met Gewaolt

In eene Stadt was an'n Straoteneck so'nn Placken Koppsteen afsackt, so dat dao ümmer Water stonn. Dat konn jä nich so bliewen, daorüm kam'm drei Arbeiters von'n Bauhoff, üm de Steen wier up de richtige Höcht to setten.
Se deihen äs iäst de Rehschopp von iähren Wagen afladen, un dann bekeeken se alle drei dat Lock, daobi üöwerleggten se, wao se denn iästen Steen am besten herutkriegen konn'n. Een von de drei holl sick dann de Spitzhack un slaog äs to. De Steen gong obber nich löss, he har sick wahne fastquett't. Dao probeer datselbe äs'n annern von de drei, obber he mok't nich biäter.
Äs de iäste Steen nao twintig Minuten nao nich harut was, dao gonk so'nn aollen Rentner, so'nn klein, mager Männken, dat

an denn Straoteneck stonn un sick dat Spierl bekirken har, up de drei von'n Bauhoff to un sagg:
„Jetzt geben Sie mir die Hacke mal, ich möchte das auch mal versuchen."
De drei von Bauhoff lachten sick een un saggen slieslick:
„Ja to dann, hier dao häss de Hack."
De Rentner stoppe sien Piepken inne Tassk un slaogg dann eenmaol nutz to, un kick an, de Steen was drut.
„Ja - ja - ja -", saggen dao de drei von'n Bauhoff, „met Gewaolt dao könn wi dat auk."

Dat Glück lött sick vörduppeln, wenn man't deelt!

Kapitaol un Sinsen

Piepenbrinks Bäind troff mitten in Mönster sienen aollen Schoolfrönd Hiärm wier. De beiden han'n sick fröher ümmer besonners guet vörstaohn. So gonk Bäind dann auk faots up Hiärm to.
Hiärm har so'nne öellere Frau, de lück humpele un auk nich guet utsaog, bi sick. De aolle Frau gonk obber langsam wieder.
„Kärl Hiärm", sagg Bäind, „wu kümps du bloß bi so'nne aolle Schachtel?"
„Küer nich so laut", sagg Hiärm, „dat is miene Frau, wees wull, de heff mi'n graut Kapitaol, so anne fiefhunnertdusend Mark met in usse Ehe bracht."
„Dübel auk, dat is all wat", sagg Bäind.
Een paar Dage later troff Bäind denn Hiärm wier inne Stadt, dütmaol har he obber en ganß schön kriegel Wichtken bi sick,

met't Bubikopp un in'n Minirock. Bäind nam Hiärm so'nn biertken met up de Siet un fraogg em:
„Segg äs Hiärm, we is dat dann?"
„Ja", sagg Hiärm, „dat sind de Sinsen, dat Kapitaol dat griep ick gar nich an."

Buern in de Stadt

Twee Buern u't Mönsterland de föhrden äs nao Mönster. Se wull'n sick äs 'nen schönen Dagg maken. In Mönster wasst dann so schön, dat se vör lutte Freih aobends denn less'n Zug vörpaßten. Äs dat passeert was, dao drunken sick de beiden iäst äs nao eenen. Dann ducht iähr wull, dat se in Mönster üöwernachten konnen.
Se kreegen auk'n Schlaopzimmer met twee Bätten, obber se gongen iäst laat to Ruh. Beide satten dann up de Bärrkannt, un de eene wochte up denn annern, dat he sich uttrock.
„Heinrich, du kann's ruhig in'n Bärr gaohen", sagg Bäind.
„Och", gaoh du män iäst", sagg Heinrich.
So wochte de eene Buer up denn annern, nicheen wull sich toiäst uttrecken. Slieslick wuor Heinrich ungedullig, he trock sick ut. Bäind saog siene swatten Fööt un sagg:
„Ja Heinrich, diene Fööt de hass jä wull'n birtken wassken konnt."
„Dat wull ick gistern auk daohen, bin obber nich dao to kuem'm", sagg Heinrich.
Äs Bäind sick dann uttrock, saog Heinrich, dat Bäind siene Fööt pickswatt wassen.
„O", sagg Heinrich, „diene Fööt de sind obber nao viell swatter äs de min."
„Ja", sagg Bäind, „ick bin jä auk viell öeller äs du."

Grautenwahn

Lappenbrinks Anton besoch sienen Naober. Äs he in't Hues kam, dao har de Naoberske jüst iähr kleine Bennätzken bi'n Wickel un vüörhaute em ganß gehörig dat Ächterdeel. Anton fraogg dann so bileipig, wat dat Slaoen heiten soll. De Naoberske gaff iäst gar kinne Antwort, se slaogg all menn wieder to. Äs de Klopperie dann ut was, dao sagg se:
„Ach ja, Anton, ick will et di seggen. De Jung heff'n Grautenwahn. Denk di an, usse Pappa de leih iä'm an'n Dissk nutz een'n trecken. Wat denks du Anton, de aolle Lümmel de mook dat nao un mook sick daobi gehörig de Buxe vull. Du moß doch seggen Anton, dat de Jung dat all könn'n will, so es usse Pappa dat kann, ja dat is doch Grautenwahn."

Kuem harin un küer di ut,
gaoh herut un holl de Snut!

Dat dicke Slachtswien

In'n lest'n Krieg dao wuorn nich mähr so swaore Swiene slacht, weil dat Friätten knapp was. De Möller Bruns in Lünkhusen de har obber nao so'nn richtig fett Swien slacht, so'nn graut Dier kreeg man to de Tiet kaum to seihn. Bruns har dat Dier buten an de Lärre hangen. De Lüe, de dao vüörbi gongen, wünnerten sick, dat Bruns so'nn swaor Dier wull an de Straote stelle.
Dao kam auk de Schandarm Möllering bi Bruns vüörbi. He saog dat graute Swien un gonk es iä'm bi de Möller harin un

fraogg em, wao he dat Swien met foert har. De Möller Bruns sagg em:
„Ja, Häer Schandarm, wenn ick ju de Waohrheit seggen soll, met Angst un Schreck.“

Wat de Häergoutt schickt, dat mot man driägen, sagg Wienküöters Franz, dao funn he'n Geldschien un stoppe dat Dink in de Tassk.

De laate Nachtfuost

Vüör ungefähr vättig Jaohr dao was Ostern ganz fröh. Somet was dann auk Fronlichnam fröh, un jüst in de Nacht up Fronlichnam dao gafft nao maol so'nn unwiesen starken Nachtfuost. Strichwiese, wao de Wind so hentrocken was, dao har he viell Schaden anricht. Stellenwies hat't so stark fruo'n, dat dat Kruut up de Kartuffel swatt was. Auk de Roggen, de jüst anfonk to bleihen, har foste Aohen (Ähren) kriegen. Ät saog buten truerig ut, un de Buern wassen nutz an't jannken. Äs de Fronlichnams-Proßion dann düör de Kämpe trock, dao wassen de Buern met iähre Gedanken mähr bi'n Fuostschaden äs bi't Gebett, denn wao se auk henkeeken, üöverall was viell kaputtfruo'n.
Bi de twette Proßion-Station, äs alle staohen blewen, dao stonn Stüwings Franz, de dat graute Krüß draug, zirmlick ächten bi de Mannslüde. Bi Franz stonn auk Leissings Heinrich. He sagg so ganß iärgerlick to Franz:
„Du Franz, holl'n äs luck höcher, laohen äs üöver de Hiegg kieken, dat he seihn kann, wat he in de lessten Nacht makt heff.“

Biäwen Bäind

Et sind all mähr äs füfftig Jaohr düört Land gaohen, äs wi nao de Linnenwiäwers hann'n. Biäwen Bäind, so'nn Öhm vüör ut Detten, de wiäwe auk de ganße Wiärk, un dann brach he dat Linnen sunndags nao de Buern.

Dao gonk he auk äs enmaol sunndags ganß fröh met siene Rulle Linnen an'n aollen Kanaol entlang up Greim to. He kam an so'nn Küöterhues vüörbi, wao de Frau mächtig an't böllken un de Rüer an't schreien wassen.

Bäind was niesgierig, he wull wietten, wat dao passeert was. Dao kloppe he rassk siene Piepe ut, üm sick dann bi de Küöter 'nen Piepenfüer to halen un somet 'n Grund har, in't Hues to kuem'm. Äs he rinn kam, was de Frau ümmer nao an't specktakeln. Bäind sagg:

„Gueten Muorn!" un frogg dann nao'n Piepenfüer, wat de Frau em auk deih. Dann sagg Bäind:

„In de Wiält des Häern, wat gifft dann hier up'm Sunndag all so fröh to schimpen?"

„Och", sagg de Küörterfrau, „et is to't vörrückt wäern, bin'k doch jüst nao de Fröhmiss west, un in düsse Tiet heff usse graute Rüer mi doch gau de Kann Uolg utsleppket, de usse Pappa gistern metbracht har. Män ick heff de Rüer kriegen, dat seggk ju, ick hepp'm jüst tüssken de Diäldüör hat un nutz kwett't, un so heffk miene Kann Uolg wierkriegen. Dat ünnerste is wull so'nn bietken flom (unklar), obber to't Pannkokbacken is't nao wull to bruken."

De Uttreckdissk

Dahlmanns Änne wull hieraoten. Se soll äs junge Frau up'm Naoberhoff kuem'm. Vader un Moder wullen Änne 'ne guete Utstüer metgierwen. Änne soll deswiägen met iähren Frier üöwerleggen, wat up'm Naoberhoff nao feihle. Dao menn'n de jungen Lüde, dat se nao so'nn grauten Uttreckdissk bruken konn'n.

„Ne", sagg Dahlmanns Vader, „wat will ih dann met'n Uttreckdissk maken, 'ne graute Standuhr de is doch viell schöner un de päß auk guet in de graute Küerk, un dat will ick di seggen, Änne, diene Moder de heff sick alltiet, dat ganße Liäwen lang, up de Bärrkant uttrocken, dat gonk ganß guet, somett bruks auk du kinn'n Uttreckdissk, dat sind bloß niemödske Quinten."

Wat de Buer nich kennt, dat frett he nich!

De Anstrieker Möller

De Anstrieker Franz Möller wass swaorkrank un starw. He wass iäst tweeunfüfftig Jaohr un Vader von säss Kinner. Dat wass'n truerigen Fall, so fröh von de Wiält, so mitten u't Geschäft un ut de Famillig.

Äs Möller bi Petrus ankam, dao frogg he em, waorüm he em all so fröh von de Wiält haalt har.

„Ne, ne", sagg Petrus, „dat wass gewiß nich to fröh, ick will obber äs in't Book naokieken, off du würklick to fröh affropen

wuorn büs. Petrus keek in't graute Book un sagg dann to Möller:
„Ne Möller, du büs nich to fröh affropen, denn nao de Stunden, de du up de Riäknungen anschriewen häss, büs du all veerunachtzig Jaohre aolt."

Well leiwt un leiwt wett, de heff de Sunn' von beiden Sieten!

Opa soll in't Gräs bieten

Lanvers Opa gonk met sienen kleinen Enkel Bennätzken spazeeren, düör Busk un Kämpe. De Jung plücke wanners Gräs, gafft Opa un sagg daobi:
„So Opa, dat iät äs."
„Ne Bennätzken", sagg Opa, „Gräs dat kann man nich iäten, dat Veeh dat frett Gräs, kiek an, de Küh dao ächten de friät Gräs."
Se gongen wieder un et dure nich lang, dao plücke Bennätzken all wier Gräs. He sagg nao eenmaol to sienen Opa:
„Dä Opa, iät dat doch äs."
Ei, dacht Opa bi sick, waorüm segg de Jung dat wull, un dann frogg he Bennätzken: „Segg äs Bennätzken, waorüm sall ick dann Gräs iäten?"
„Ja Opa", sagg Bennätzken, „Papa de heff gistern to Mama seggt, soboll usse Opa in't Gräs bitt, krieg wi auk 'nen Fernseh-Apparat."

Bennätzken un de Fleigen

Bennätzken satt in de graute Küek an'n Dissk un mook siene Schoolarbeiden. He moß nao'n langen Upsatz schriewen un 'ne Taofel vull Riäkenarbeiden maken. So ganß was he nich bi de Saak, denn he was leiwer met Papa in't Hai föhert.
Je länger he an'n Dissk satt, desto mähr plaogten em de Fleigen, de an düssen Dag unnürsel frech wassen. Iäst satt em'ne Fleig in'n Nacken, dann eene up de Nierse un dann eene an't Been. Äs em dat all toviell wuor, dao namm he denn Fleigenklöpper un trock giegen de Fleigen up Jagd. Siene Moder was in de Wasskküek an't Spöölen.
„Mamma", reip Bennätzken dao, „ick häbb jüst niegen Fleigen dauthauen, fief Männkes un veer Wiewkes."
„Ach watt, dumme Jung", sagg de Moder, „de kanns du doch nich kenn'n, wi wuss du dat wietten?"
„Ganß bestimmt kenn ich de", sagg Bennätzken, „dat kann ick di wull bewiesen."
Dao wuor de Moder niesgierig un gonk äs nao Bennätzken henn.
„Kick hier, Mama", sagg Bennätzken, „düsse fief de satten an de Beerpull, dat sind Männkes, un düsse veer, de häbb'k vüörn Speigel dauthaen, dat sind Wiewkes."

De Mensk is dat enzige Geschöpf, dat met Wietten Dinge döt, de siene Gesundheit schadet!

Opa in de Kindheit

Brüskes Opa de har alltiet düftig arbeid't. Auk in siene aollen Dage wull he absluut wat dohn. Nu was he obber so'nn biertken in de Kindheit kuem'm, so saggen de Lüde fröher, wenn aolle Lüde nich mähr klaor denken konn'n.
Füör so'nn aollen Opa ümmer Arbeid to kriegen, dat was gar nicht so licht. Brüskes Oma de wußt obber, wu man aolle Lüde von de Langewiele affbrängen konn. Se gaff Opa 'nen Büülken met witte un swatte Bauhnen, de he utsööken soll un nao rechts de witten, nao links de swatten in so'nn Pöttken leggen moß. Opa de mook dat stunnenlang. Manks smeet he se äs düöreen, obber dat was jä wieders nich slimm, denn aobends, wenn Opa in'n Bärre gonk, dann schütte Oma alle Bauhnen wier in't Büülken. An'n annern Muorn fönk Opa dann met de glieke Arbeid wier an. Eenes gueten Daggs sagg Opa:
„Ick weet doch gar nich, wu usse an de viellen Bauhnen kuemt, miene Arbeid de nimmp doch gar kinn End."

Bennätzken krigg'n Süssterken

Weitkamps Änne, so'nne junge Moder, was in annere Umstänn. Iähr Süöhnken Bennätzken, de alltiet so aoltklook was, sagg to siene Mama:
„Mama, du draffs nich so viell iätten, du wäss viell to dick."
„Ja Bennätzken", sagg de Moder, „nu höär äs to, nu willk di äs wat seggen. Wenn du ganß arig büs, dann kiss du in twee Wiärk en klein Süssterken."
„Sooo Mama, nu weet ick Bescheid", sagg Bennätzken.
„Was wees du dann, Bennätzken, dat segg mi doch äs", sagg de Moder.

„Ja Mama", sagg Bennätzken, „usse Häer Pastor de is jä auk so dick, de heff us gistern seggt, wenn ihr ganz artig seid, dann bekommt ihr in zwei Wochen ein neues Kaplänchen."

Wenn't an de Grött't lagg, dann konn man met de Koh 'nen Hasen fangen!

De beste Vader

Bennätzken un Hiärmken streeten sick, we von iähr denn besten Vader har. Bennätzken sagg:
„Mien Vader de kann bit't Raseeren siene Sigarett in'n Mund hollen." Hiärmken sagg:
„Dat is gar nicks, mien Vader de kann siene Niägel up de Tehn besniehen, aohne daobi siene Söck uttetrecken."

Höer äs, du küers üöwer mi, segg äs, wat höll's du von di?

De drei Sängers

Willm, Bäind un Hiärm, drei Sängers met ne deipe Stimm, wassen jaohrelang echte Sangesfrönde in'n grauten Gesangverein. Alle drei kreegen all Rente. Se vörstonn'n sick guet, deswiägen troffen se sick jeden Dagg to so'nn kleinen Spazeergang. An'n Schluß drunken se dann dehaup so'nn paar Snäpskes. Dat miäste, wat se sick vörtellten, was von iähre Singerie ut fröheren Jaohren.
Äs se eenes gueten Daggs bi't Snäpsken an de Thek stonn'n, dao männen se, dat't schade wüör, wenn se äs uteen mossen.
„Ja", sagg Bäind,, „wat könn wi dann wull maken, wenn äs een von us stärw?"
„De Fraog is guet", saggen Willm un Hiärm, „dat müett wi egentlick nu all fastleggen."
Un dann wuor affmakt, dat dejenigen, de länger liäwt, jeden Dagg nao'n Kiärkhoff müert, üm denn Dauden so'nn klein Öetken Snaps up't Graww to geiten.

Knapp een Jaohr later starw Hiärm. Willm un Bäind gongen sliepstiärtsk ächtern Saak. Dann besochen se jeden Dagg iähren Sangesfrönd up'm Kiärkhoff. Daobi gauten se em so'nn klein Öetken Snaps up't Graww, so est affmakt was.
Äs de beiden so'nn Tietken later äs wier met iähr Öetken Snaps an Hiärm's Graww stonn'n, dao sagg Bäind to Willm:
„Du Willm, off Hiärm dao unn'n wat daogiegen heff, wenn wi us denn Snaps iäst düör de Nüern laupen laot?"

De Upklöerung

Maiers Moder de glow, dat iähr öllste Jung, denn Bennad, wull so aolt was, dat he upklöert wäern moß. Deswiägen sagg se to em, dat he män nao Papa gaohen soll, dat de Bescheid wuß, un dat de dat maken soll. Papa sagg dann to Bennad, dat he dat wull konn, obber dat Tante Tresken dat viell biätter maken konn äs he.
Bennad gonk nao Tante Tresken un de sagg em, dat se dat maken wull, obber am besten aobends.
Es't dann Aobend was, dao namm Tante Tresken denn Bennad met up iähre Kammer. Se mok de Fenster to, de Blendladen dicht un de Lamp ut. Dann moß Bennad sick ganß dicht bi iähr setten un dann sagg Tante Tresken in höchste Spannung:
„Du Bennad, an'n Nicolaus un auk an'n Osterhasen, dao bruks du nich mähr glai'm, de gifft gar nich."

De Gerichtsvollzieher

Schnieder Meier dat was so'nn Sprink up de Kist. He was üöwerall to seihn, bloß selten up sienen Schniederdissk. Dao kam eenes Dags de Gerichtsvollzieher bi Meiers un wull Geld halen. De Huesdüör was to. Äs de Häer up de Schell drücke, dao kam Bennätzken un mok de Düör löss.
„Ist Dein Vater zu Hause", fraogg de Gerichtsvollzieher.
„Ne" sagg Bennätzken, „usse Papa de is de nich, ick bin ganß alleen."
„Dein Vater muß doch zu Hause sein", sagg de Gerichtsvollzieher, „dort hängt doch sein Hut."
„Ja", sagg Bennätzken, „denn Hot daff Papa nich upsetten, süss päss he nich mähr in't Kleederschapp."

Sünn'n, de wi daon häbbt, berüet wi viell lichter äs de, de wi nao dohn willt.

Smandbrocks

Ät wass Winterdag. Smandbrocks Buer satt oabends met siene Frau un siene grauten Kinner an't Hähdfüer. He han'n paar kleinere Knubben up't Füer leggt, so dat't schön flackere un löchte. Wenn't äs nairig was, dann bloss äs een met'n Püster in't Füer. So konn'n sick de Smandbrocks ruhig un gemäcklick unnerhollen.
Se vörtellen sick, wat se Dag's so makt hann'n un wat an'n naichsten Dag makt wäern moß. De öllste Dochter Liesbett

was muorns in't Duorp wesst un wuss auk nao so allerlei to vörtellen.
Smandbrocks Moder moß wull'n paar Fleih häm'm, denn se kratze sich iäst buom an'n Arm, dann an'n Rüggen un sließlick nao deiper un'n an'n Ächtern. Äs se sick daobi nao eene Siet henn so'nn birtken uplichte un dann derbe eenen trecken leih, dao sagg Smandbrocks Papa:
„Dat is recht Mama, scheit de tüssken, süss hass du se jä doch nich kriegen."

Siegen oder sterben

Vüör mähr äs füfftig Jaohr dao vörtelle Eik's August in siene Schohmakerwiärkstiär dütt Geschichtken:
Wi wassen daomaols nao junge Kärls, nao nich vörhierraot, un dao stock us manks de Hawer. Wenn wi annere Lüde luck fackseern konn'n, dann leihen wi dat nich sien.

Dao gongen wi auk äs winterdaggs aobends met veer Mann düört Duorp. Buten lagg so'nne teihnzentimenter dicke Sneeschicht. Äs wi an't Gemeindeamt kam'm, dao sagg mien Brour Louis:
„Kiekt äs an, usse Amtmann is in Hues, he sitt an'n Dissk un ist an't liäsen."
„O", sagg dao een von de annern, „de laot us doch äs luck inne Beene brängen."
Dann moken wi Sneebäll un smeeten em de an sien Fenster. Dao wuor de Amtmann ganß vörfährt (erschrocken) un et duere nich lang, dao kam he ut't Hues laupen, siene Jagdflint unnern Arm un reip:
„Bleiben Sie stehen, ich muß Ihre Personalien feststellen."
Wi veer stonn'n mitten up de Bahnhoffstraot, ächtereen, ick stonn vüöran, usse Louis stonn de lesst. Wi gongen in denn Snee langsam, Schritttken vüör Schrittken trügge, nao't Duorp harin. De Amtmann kam us langsam nao, holl us denn Gewiährlaup to un reip:
„Stehenbleiben oder ich schieße."
„Äs he dat so'nn paarmaol ropen har, dao reip' usse Louis, de ächter us siermlick sicher stonn, em to:
„Scheit doch Natz."
De Amtmann kam us ümmer naiger, he wull gewiß ee'n von us kenn'n un dat konn he nich, weil't so düster was.

Äs wi dann bi Götz üm'm Dreih in de Well harin boggen, dao reip de Amtmann:

„Jetzt sage ich's zum letztenmal, stehenbleiben oder ich schieße."
Nu kam usse Louis in sien Element, he leip up denn Amtmann to un reip lauthals:
„Keinen Schritt weichen wir mehr, siegen oder sterben."
Dao leip de Amtmann met siene Flint, so rassk he konn, nao Hues. He har obber usse Louis kannt un nu mossen wi daomet riäken, dat he us sien'n Pollzisten up'm Hals schicke.
Wi gongen deswiägen in de Schreinerie Holgenbrink un vörstoppten us dao bi de Schreinergesellen up'm Slaopstuom. Et duere nich äs 'ne Stunn, dao höeren wi war herankuem. Wi kreipen gau bi de Gesellen unnere Bettstellen un dao kam auk all de Pollzist Haküöter met denn Büöger Heckmanns Bäind, de em helpen soll. De Pollzist fraogg:
„Ist hier Ludwig Eiken?" De Gesellen gaffen kinne Antwort:
„Dann müssen wir mal nachsehen", sagg de Pollzist.
Et duere nich lang, dao trocken se usse Louis unnert Bäär wegg, nam'm em met un stoppten in't Kittken.
An'n naichsten Dagg mossen wi alle nao't Amt kuem. Dao holl us de Amtmann 'ne ganß derbe Priäg. Enige Dage laater dao kreegen wi usse Straofmandat, Louis moß sess Mark un wi annnern drei mossen drei Mark betahlen wiägen groben Unfugs. Dat was daomaols viell Geld, denn die Stunnlauhn lagg to de Tiet bi diärtig Pennink.
Louis bleev Junggesell. He was Drechsler von Beruf un gonk up Wanderschuop. Siene Heimat saog he nich wier. So üm dat Jaohr Niegenteihnhunnertveeruntwintig dao kreeg dat Gemeindeamt 'ne Kart von'n Standesamt ut de Giegend von Stuttgart. Dao stonn drup, daß Ludwig Eiken verstorben sei.

De Feldmus

Et was in'n Kaonbau. Daomaols mossen de kleinen Büerkes, de Küöters, iähr Kaon nao met de Seise sniehen. So was auk äs de Küöter Albers August met de Seis an't Roggen maihen. Siene Frau holp em un deih de Garwen binn'n.
Up eenmaol smeet August siene Seis wegg un sprung harüm äs'n Vörrückten, pock sick an'ne Bux, dann an'n Buuk un dann wier an de Bux.
„Mein Guot August", sagg siene Frau, „watt is dann löss?"
„Häer je", sagg August, „dao was mi doch 'ne Feldmus inne Bux laupen, iäst harup büs hier buom henn, dann leip se mi üöwern Rüggen un dann düör de annere Buxenpiep wier harut."
„Ja August" sagg siene Henrika, „dao har se auk all genog to seihn kriegen."

Et is kien'n Pott so scheew, off et päß 'ne Stölp drup.

Dat Siälenamt

Grautmanns Hiärm, so'nn Büerken ut Detten, was de Frau affstuowen. Dat deih alle Lüde leed, denn Hiärm was mähr äs guet. Äs he acht Wiärk nao denn Daut dat Sässwiärksamt bi de Pastor nao nich bestellt har, dao gonk de Pastor äs nao Grautmann hen, üm auk äs to seihn, wu't Grautmann wull gong.

Bi de Geliägenhet fraogg he Hiärm, off he't vörgiätten har, de Sässwiärksmiss füör siene Frau to bestellen.
„Ne, Häer Pastor“, sagg Hiärm „ick gleiw, de Miss de laohnt sick gar nich, denn wenn mine Frau in'n Hiemmel is, dann is se jä guet uphuaom, un wenn se in'ne Höll is, ja dann is se so wi so nich mähr to retten.“
„Sollte sie aber im Fegefeuer sein, Herr Grautmann, wie denn?“, sagg de Pastor.
„Jo-jo-o -“, sagg Hiärm, „mine Frau de heff mi mien Liäwen lang drangsaleert, dao kuemt Se, Häer Pastor, wiägen dat Siälenamt nao twee Jaohr män äs wier.“

Dat Ding will wi män staohen laoten, sagg de Düwel, dao kam he an'n Krüß vörbi.

De Hömopaat

Vüör füfftig Jaohr dao gafft in so'nn klein Städtken 'nen ganß düftigen Hömopaat. Dao leipen daomaols unnürsel viell Lüde henn. He heff met siene Pülverkes daomaols auk viell Lüde holpen.
Bi em kam auk äs Kookenlaums Rosa, se hat't Water von iähren Mann metbracht, denn in't Water konn de Hömopaat alle Krankheiten seihn. Äs Rosa em fraogg, wat iähr Mann dann har, dao sagg de Hömopaat:
„Juhe Mann de ligg in'n Bärre.“
„Dat stimmt,“ sagg Rosa, „obber wenn Se dat seihn könnt, dann wirt't Se sicher auk, wat mie'n Mann heff?“
„Ja - ja“, sagg de Hömopaat, „ick seih, dat he von de Ledder fallen is un sick't Been bruoken heff.“

„Mein Guott“, sagg Rosa, „dat könnt Se all in't Water seihn, dann könn't Se sicher auk seihn, von wat von'n Ledderstock he fallen is?“

„Jao“, sagg de Hömopaat, „de is von’n füfften Stock fallen.“
„Ne, von’n teihnten“, sagg Rosa.
„Ja, leiwe Frau, dat is wull richtig,“ sagg de Hömopaat, „Se häbbt mi jä auk bloß dat halwe Water metbracht.“

Frie-en un Hai-en da döt man faaken vörgirwens!

De Sossiaaldemokraten

Baumkamps Franz de was vüör twintig Jaohr in’n klein Düörpken afhieraot. Nu kam he äs wier in siene Heimat, weil he Iärwsaaken erledigen moß. Dao troff he auk met sienen Verrer August bineen un dann unnerhollen sick de beiden üöwer alls, wat so in de lesten Jaohren passeert was. Daobi kam’m se dann auk up de Politik, up de Wahlen un auk up de Sossiaaldemokraten de küern.
„Wat sind dat egentlick füör Mensken, de Sossiaaldemokraten“, fraog Franz sienen Verrer, „ick gleiw nich, dat wi de bi us häbbt.“
„Wat“, sagg August, „du kenn’s kinne Sossiaaldemokraten, dann will ick di seggen, wat dat füör Lüde sind. Sossiaaldemokraten dat sind soteseggen Mensken, de willt viell Geld vördeinen un mürglichst wennig arbeiden.“
„Aoch so-so-“, sagg Franz, „ja von de Sort dao häbb wi bi us auk wull’n paar, dat sind de beiden Lährers, de holt jä bloß muorns Unnerricht, naomeddags sind de viell met Frau un Kinner unnerweggs, un dann häbbt de jä ’nen Vedeljaohr Ferien, dann süht man se gar nich, dann sind se met de gan-

ße Familllig in de Biärg. Ja, un usse Dokter, de kann man auk daobi riäken, de is bloß muorns de spriäken. Wat de naomeddaggs mäck, ja dao kümps gar nich ächter. Ja, un dann häbb wi bi us nao denn Duorpschult, ja de sitt'n ganßen Dag in't Wäitshues un süpp un schimpt up alls, wat em nich päss. Alle Annern makt alls vörkäert, bloß he nich, daobi is he de gröttste Pleitegeier."

Wat is Demokratie?

De Lährer inne School vörtelle de Kinner 'ne ganße Stunn lang dat Wichtigste üöwer Demokratie. He sagg jö auk, dat se guet uppassen sollen, weil se an'n naichsten Dag 'nen Upsatz üöwer Demokratie schriewen mossen.
Äs de Upsatz eenen Dag later schriewen wuor, dao wassen alle Kinner flietig an de Arbeid, bloß Brüggemanns Bennätzken nich, he mok so recht gar nich met. De Lährer saog dat wull, he leih em obber ganß in Ruh.
Nao 'ne halwe Stunn dao gonk he äs nao Bennätzken an de Bank un keek, wat de Jung so up't Papier bracht har. Dao saog he, dat Bennätzken in de ganße Tiet bloß drei Wöer schriewen har, nämlick „Demokratie ist scheiße".
De Lährer schimpe nich, he sagg bloß to Bennätzken:
„Diese Untat werde ich heute noch mit Deinem Vater besprechen."
Aobends namm de Lährer dat Schriewheft von Bennätzken un gonk daomet nao Brüggemanns Vader.
„Guten Abend Herr Brüggemann", sagg de Lährer äs he in't Hues kam.
„Gueten Aobend Häer Lährer", was de Antwort.

Dann gongen se in'n besten Stuorm, un dann fonk de Lährer auk wanners von sien Thema Demokratie an.
„Ja, Herr Brüggemann, ich habe allen Grund, mich über Ihren Sohn Bernard zu beklagen", sagg he. Un dann sagg he wieder:
„Da habe ich doch meinen Schülern eine Stunde lang Sinn und Wert einer Demokratie erklärt. Dann ließ ich heute einen Aufsatz über dieses Thema schreiben. Nun schauen Sie selbst, was Ihr Sohn Bernard geschrieben hat."
Brüggemann keek sich in alle Ruhe de drei Wöer an, de sien Bennätzken schriewen har un dann sagg he ganß bedächtig:
„Man kann't gar nich begriepen, wu de Jung dat hat heff, daobi häbb 'ick em utdrücklick seggt, dat Scheiße graut schriewen wett."

Lüerige Pött giff dulle Köpp.

De Flack in Hues!

Jn'n twätten Wiältkrieg dao greep de Tommy met siene Fliegers boll jede Nacht de Girgend an'n Kanaol bi Saorbiäk an. De Buern mossen sick dann oft stunnenlang vörkrupen in'n Keller oder in Äerlöcker.
Äs de Tommy äs wier met alle Gewollt angreep, dao satt Rohlmanns Famillig in'n Keller. Terro, de Buer sölwst, de bleew dann unn'n in't Hues an so'nne dicke Wand staohen un wochte dat Spierl aff.
Tante Truta de har obber de Ruhe weg, se bleew buorm in Hues. Se leih de Stuormdüör löss staohen un konn so alls

häören, wat in Huese passere. Jn düsse stille Stunn dao leih Rohlmann's Terro un'n in'n Hues so derbe een trecken, dat Tante Truta von buorm nao un'n reip:
„Mein Guott, ick bruuk jä gar nich updestaohen, wi häbbt de Flack jä in Huese."

Mama an't Röwenhacken

Straotmanns Moder mok muorns iähr Bennätzken ferrig füör de School.
„Ja, Bennätzken", sagg se, „ick kann di nu dat Buotterram nich maken, ick mot faots nao'n Kamp un Röwen hacken, kuem män in de Teihn-Uhrs-Paos nao Hues un hal di't, dann mak ick di auk 'nen ganß schön Buotterram."
Bennätzken kam üm teihn Uhr nao Hues un dao mok em de Vader en schön Schinkenbuotterram. Dann sagg em de Vader:
„Bennätzken, du häss'n klein Bröerken kriegen, wenn du meddags nao Hues kümps, dann wies ick et di."
Bennätzken gonk siälenvörgnögt wier nao School. He straohle vüör Frei. Dat foll denn Lährer up, un so frogg he Bennätzken, wat em so freie.
„Ja Herr Lehrer", sagg Bennätzken, „ich habe heute ein Brüderchen bekommen, und das Schönste ist noch, daß meine Mutter es noch gar nicht weiß, die ist noch auf'm Kamp am Rübenhacken."

Ne olle Siegg frätt auk nao gäin 'nen gröön Blättken.

De Wüörm

De Lährer up't Duorp vörtellde de grauten Jungs üöwer't Benihmen un üöwer Reinlikket. He sagg jö, dat se sick an'n ganßen Liew rein hollen mossen. Auk de Kledung moß ümmer rein sien. Vor allen Dingen obber droffen se nicks in'n Mund stiärken, wat nich prick is.
Naomeddags gonk de Lährer spazeen. Dao saog he Piepenbrinks Bennätzken, de stonn an de graute Biäk un was an't fissken. De Lährer fraogg em:
„Bennätzken, hess all Fissk fangen?" Bennätzken gaff kinne Antwort. Dao fraogg de Lährer:
„Bennätzken, waorüm giff's du mi kinne Antwort, hess du Tantpien?"
„Bennätzken schüttelde luck met'n Kopp.
„Dann hess du sicher wat in'n Mund, dat du nich küern kanns," sagg de Lährer. Dao sagg Bennätzken so düör de Tiärn:
„Jau de Wüörm."

De Koh vörgätt licht, dat se 'nen Kalw wesst is.

Hubert in Paris

Beckmanns de han'n in iähre Polsterie ümmer guet de dohn. De ölste Suohn Hubert, de dat Geschäft äs üöwernirm soll, har dat ganße Jaohr düftig arbeid't, nu soll he auk äs twee Wiärk in Urlaub föhern. He wull unbedingt nao Frankriek, nao Paris hen.
„Jn Frankriek dao wess du jä wiägen de Spraok gar nich ferrig", sagg sien Vader.

„Dat klappt wull“, sagg Hubert, „deswiägen häbb ick mi all wat infallen laoten, ick nirm ’nen lüttken Schriewblock met un dann teek ick dat up, wat ick hem’m will.“
Hubert föhre löss nao Paris. He gonk aobends in so’nn graut Lokal üm äs to kieken, wat dao wull löss was. Äs he sick guet un wall hennsätt’t har, dao sätte sick sonn nett Wichtken to em un vörsoch, sick met em to unnerhollen. Äs dat nich klappen wull, trock Hubert sienen Schriewblock ut de Tassk un düte iähr an, dat se upteeken soll, wat se wull. Dat nette Wichtken begreep dat wull un teeke ene Sigarett up.
Hubert wull nich kleinlick sien, he gaff iähr sofort ne ganße Packung Sigaretten. Dao verlange dat Wichtken naomaol denn Schriewblock un teeke twee Wiengliäs up. Hubert vörstonn dat un bestelle twee Glas Wien. Dann teeke se twee Iäten un naomaol twee Wiengliäs up. Auk dat bestelle Hubert un dann wuor vörgnögt giäten un drunken.
Äs dat nu vörbi was, dao namm dat Wichtken denn Schriewblock un teeke so’nn breet Sloupsofa up. Wat dat bedüten soll, dao kam Hubert nich so recht ächter. Naohiär, äs he wier in Hues was, vörtelle he, dat dat Wicht nao’t Iäten so’n breet Sofa upteekt har.
„Dao häbb ick dacht“, sagg Hubert, „wu ist mürglick, wu ist mürglick, wu kann dat Wichtken in Paris wietten, dat ick Polsterer bin.“

De Klapperstuok

Bi Strotmanns Buer in Suerbiäck dao kam äs de Häer Pastor to Besöök. Strotmanns Moder brach denn Häern in'n grauten Wuohn-Stuorm. Dao satt de Oma met acht Kinner. Se holp de grötteren Kinner bi de Schoolarbeiten un gaff de kleineren Spielwiäk in de Hand.

„Sie haben aber viele Kinder Frau Strotmann", sagg de Pastor.

„Ja sicher wull", sagg de Strotmannske, „obber dat sind se nao nich all, twee sind nao de Arbeid hen."

Nu kam auk Strotmanns Buer in'n Stuorm. He leih de Düör ächter sick so'nn biertken löss. Äs se sick so nett üöwer düt un

dat unnerholl'n, dao kam up eenmaol ne Ahnt - Ente - in'n Stuorm gewackelt.
„Sie da", sagg de Pastor, „Enten haben Sie auch?"
„Ne", sagg de Buer, „dat is kinne Ahnt, dat is de Klapperstuok, de heff sick bi us all de Föte afflaupen."

Well sick sölwst kiedelt, de kann lachen wann he will!

De Kanarienvuegel

Dao wassen äs so Ehelüde in Ollenduorp. De Mann dat was so'nn richtigen Knutterbül un de Frau de schimpe denn ganßen Dagg met em harüm.
Dao kam de Mann äs maol nao Hues un sagg to siene Frau: „De Kanarienvuegel de heff all wier nicks to Friätten kriegen."
„Och", sagg se, „du soss dat dumme Dink doch fleigen laoten."
„Ne", sagg he daor, „ham'm di fröher män fleigen laoten, dat was biäter west."
„Och du dumme Kärl", reip se em to, „du häss mi jä gar nich to fangen brukt."

De Nacht is'n Lösskblatt füör vielle Suorgen.

De guete Akustik

Fröher dao schlachten de Buern winterdaggs twee büs drei dicke Swien. Dann atten se alle monatelang düörhenn satt. Vör allen dingen was so'nne Panne vull Wuorstebraut met brotte Appels en wunnerbar Iäten. Sowat höllt in't Gatt, saggen de Buern dann.
To düsse Tiet stonn de Amtsdirektor von Natteln sunndags inne Hohmiß ächten inne Kiärk bi Schult Wiening. De Gemein sung düftig, un de Üörgel spierle met alle Gewollt dat't män so suse un bruse.
„Hier in der Kirche ist eine gute Akustik", sagg de Amtsdirektor to Schulte Wiening. „Ja, ja, wo Sie's sagen, Herr Amtsdirektor, da riech ich's auch", sagg de Schult.

Dat Iäten wät nich so heet giät'n, es't up'm Dissk kümp.

De Kumpels

In Ibbenbüren up de Zech' dao küert de Lüde nao viell plattdütsk. Dao föhre de Bischof von Mönster äs met de Kumpels in'n Schacht herunner. He wull dao ganß unn'n äs met de Kumpels küern. So in'ne Unnerhollung frogg he enen Kumpel:
„Sag' mal mein Sohn, gehst du sonntags auch in die Kirche?" „Ne", sagg de Kumpel, „ick bin evangelisch."
„Na ja", sagg de Bischof, „auch die evangelische Kirche sieht äs gern, wenn du sonntags in die Kirche gehen wür-

dest, das solltest du mal nachlesen bei Doktor Martin Luther."
„Oooch", sagg de Kumpel, „gaoht Se mi bloß wegg met de Knappschaftsärzte."

Rüens de bliekt, de bie't nich.

Piärkamps Bennätzken

Piärkamps Bennätzken konn guet läihen. De Lährer luowe de Jung bi sienen Vader un sagg:
„Ihr Sohn Bernard ist ein guter Schüler, vor allen Dingen ist sein mündlicher Ausdruck schon sehr gut."
„Ja dat stimmt", sagg Piärkamps Buer, „küern dat heff usse Bennätzken alltiet guet konnt, de fallt de Wöer met äs de Koh de Küel."
O Häer, dacht de Lährer, hier büs du bi de richtigen Lüde.
Nu was Bennätzken, äs he öller wuor, gar nich mähr so flietig in'ne School, et wuor boll so'nn fuul, lierlick Bengelken. De Lährer har em all oft nutz met'n Stock begaohn un de Vader auk.
Äs he äs wier denn Unterricht ganß nutz stört har, dao slaog de Lährer em in sienen Iäger met'n Stock so dermaßen, dat Bennätzken kaum nao sitten konn.
Grienend kam he meddags nao Hues henn, obber dao slaogg de Vader met'n Krückstock nao maol düfftig up sienen Ächtern. Dann moß Bennätzken, aohne Meddaggiäten, in'n Bärre un üöwer siene Feihler naodenken.
Auk in'n Bärre konn he vüör Piene nich liggen, he konn sick dreihen äs he wull. Nu glow he all, dat se em sienen Ächtern kaputtslagen han'n. He üöwerlegge wat he nu maken konn.

Dann stonn he up, üm sick sienen Ächtern äs antokieken. Daobi sleek he sick ganß sinnig in Papas Sloupstuorm. Dao stelle he sick füör denn grauten Speigel, bücke sich ganß deip, slaog sien Hiemmdken hauch un dann saog he wat passeert was.
„Oh je", sagg he, „mitten düör häbbt se mi't Gatt hauen."

De nie'e Kaplaon

In Iäwswinkel harren se 'nen nieen, jungen Kaplaon kriegen. Et wass'n netten Häern, bloß dat Priägen dat foll em nao so swaor, he har nao so'n biertken Angst, dat he in'ne Priäg stiäkenbleew.
Dao gaff em de aolle Pastor 'nen gueten Raot. He sagg: „Kaplan trinken Sie vor der Predigt mal einige Schnäpse, dann geht's sicher besser."
De Kaplaon deih dat, un dao gong't würklick biäter. Äs de Kaplaon nao siene Priäg in de Sakristie kam, dao sagg de Pastor to em:
„Na sehen Sie Kaplan, das war doch gut, nur heißt äs Kain erschlug seinen Bruder Abel und nicht er erstach seinen Bruder und am Schluß der Predigt heißt äs natürlich, nicht Prost, sondern Amen."

Well will sien fien, de mot lieden Pien!

De nie'e Dokter

In Rauxel han'n se 'nen nieen Dokter kriegen. De aolle Dokter was stuom. Dao trofft sick so, dat de nie'e Dokter sunndags up'm Kiärkhoff was, jüst äs de Daudengriäwer een Graw utsmeet. Dokter un Daudengriäwer kannten sick nich.
De Dokter bleew bi'n Daudengriäwer staohn, keek em so'nn biertken bi de Arbeit to un sagg slieslick:
„Ist das unbedingt notwendig, daß Sie sonntags diese Arbeiten machen?"
„Jau dat ist", sagg de Daudengriäwer, „siet wi hier denn nieen Dokter häbbt, mot ick faken sunndags arbeiden."

Wenn de Ploog arbeit't, dann blitzt he!

Up'm Heckbaum

Rausenbaums Terro, so'nn Buer in Iärwswinkel, har Sülwerhochtiet. Dao sagg he to siene Liesbett:
„Du Liesbett, segg äs, söll wi van Aobend äs nao de Stell' hengaohen, wao wi us daomaols dat iästemaol leiw hat häbbt?"
„Ja", sagg Liesbett, „dat könn wi män dohen."
Dann gongen se aobends löss, düör de Kämpe büs an so'ne graute Wiesk. Dao stonn 'ne dicke Eik un dao drunner wass'n Heckbaum. Alles was nao jüst so, äs vüör fiefuntwintig Jahr. Un auk jüst äs daomaols sprunk Liesbett met

ee'n Satz up'm Heckbaum. Se wass obber so weherig un rutskte henn un hiär.
„Mein Gott Liesbett“ sagg Terro, „watt büs du so weherig, dat wass't du vüör fiefuntwintig Jaohr doch nich.“
„Ja Terro“, sagg Liesbett, „dao wass hier up'm Heckbaum auk nao kin'n Draoht met Strom drinn.“

De Schufkaor

De Bauunternehmer Schlattmann har mähere Arbeiter füör'n Tiefbau instellt. Dao wass een'n bi, denn Meiers Terro, de arbeide denn ganßen Dagg met Gewollt. Pousen mok he kaum un ümmerdüör wass he an't sweeten. Siene Schufkaor pock he ümmer mähr äs vull.
Eenes Dags sagg de Schachtmester to denn Unternehmer: „Denn ee'n von de nieen Arbeiter, denn Meiers Terro, de müert wi unbedingt mähr Lauhn giewen, de Mann is besonners flietig.“
„Ja, wenn dat so is“, sagg de Unternehmer, dann dao wi em pro Stunn diätig Penning mähr.“
Äs de Unternehmer an'n naichsten Dagg up de Baustell kam, dao leih he denn flietigen Arbeiter Terro to sick kuem'm. Dann sagg he em in Giegenwart von'n Schachtmester:
„Na, Herr Meier, Sie sind ja sehr fleißig, da will ich Ihren Stundenlohn sofort um dreißig Pfennig erhöhen.“
„Nu kick an“, sagg Terro dao, „dat häbb ick mi dacht, füör mähr Lauhn dao is Geld dao, obber füör 'ne vörnünftige Schufkaor, wao man äs würklich wat druppacken kann, dao gifft kien Geld.“

August Hollweg †

De platte Spraok

Ich sinn noch ut de olle Tiet,
äs alle Lüde wiet un siet
in Huse un up jeden Patt
noch kürden usse schöne Platt.
Dat leiwe Platt, dat lütt so trü!
Dat lütt so olt un lütt so nie,
wät nich met Waogen miäten,
kümp groff un fien von Hiärten.
Ick häb alltiet platt kürt un dacht,
un häb platt griennen un platt lacht,
segg auk vandag met platten Sinn:
Ih leiwen Lü', kuemmt alle in
un sett't Ju, is de Stohl auk hatt,
un freit Ju, iät't un drinkt up platt!

INHALT

Ausgezeichnet mit dem
ROTTENDORF-PREIS
Münster 1980:

GERTRUD VAN DAM

Landlaipers, Spöke, Geister
un annere Saken

Kurzgeschichten in münsterländer Platt
135 Seiten, Linsonbroschur

„Die Autorin kennt Land und Leute und die treffenden Nuancen ihres Platts ... Ihre Geschichten haben etwas von dem Spinnstubenwitz, der Gruseln in Gelächter umschlagen läßt und der Lehren mit auf den Weg gibt ... Einzelne Stücke weisen literarisch wirksame Ansätze auf: ‚Die Kurve' beispielsweise ist so ein Stück Zeitstudie ... Da ist eine kritisch gute Prosa gelungen und mundartlich wirksam dazu." Westfalenspiegel

„In den Erzählungen des ersten Teils greift die Autorin überlieferte Motive auf oder wählt verwandte aus unserer Zeit. ‚Spok in't Kaiser-Hotel', ‚En Grenßwächter kümpt to Daude' entwickelt sie zu spannenden, unterhaltsamen Geschichten. Stilistisch überwiegen eine dramatisierte Handlungsentfaltung in Dialogen, verbunden mit Situationsbeschreibungen und Charakterisierungen in Formen, die in Wortlaut und Satzbau volkstümliche Merkmale haben ... Die Kurzgeschichten des zweiten Teils sind individueller, realistischer, aktueller und allgemeingültiger zugleich ... am überzeugendsten in ‚De Kurve', ‚Recht up Glück' und in ‚Un dann göng he'."

Rundschreiben des Westfälischen Heimatbundes

JOHANN SPRATTE

Dat Kiärkenjoahr

up Plattdütsk betrachtet

48 Seiten, Linson-Geschenkbändchen

„Dat Kiärkenjoahr" ist nicht als theologische Auslegung des christlichen Jahresablaufs gedacht. Es soll ein Versuch sein, in plattdeutscher Sprache unter Einbeziehung jahreszeitlicher Umwelt und des Werdens und Vergehens in der Natur, die Einfalt der Gläubigkeit sichtbar zu machen.